신통방통
여행중국어

이강인 · 양희석 · 원호영 공저

다락원

신통방통 여행중국어

저자 이강인, 양희석, 원호영
펴낸이 정효섭
펴낸곳 (주)다락원

초판 1쇄 발행 2004년 7월 28일
초판 4쇄 발행 2007년 9월 3일

책임편집 최준희, 홍현정
디자인 정현석, 김금주

다락원 경기도 파주시 교하읍 문발리 509-1
내용문의: (02)736-2031 내선 401~405
구입문의: (02)736-2031 내선 112~114
Fax: (02)732-2037
출판등록 1977년 9월 16일 제300-1977-23호

값 6,000원

ISBN 89-7255-999-7 03720

http://www.darakwon.co.kr

이 책을 쓰면서...

중국은 한반도 면적의 40여 배에 달하는 광활한 영토와 13억이 넘는 인구를 가진 대국이다. 이런 중국을 여행한다는 것은 좁은 국토에서 생활해 온 우리 한국인들에게는 새로운 경험이자 미지의 세계에 대한 도전이다. 어느 나라를 여행하든 여행객이 겪는 어려움은 크게 다르지 않다. 먹는 것, 타는 것, 자는 것, 심지어 구경하는 것조차도 낯설어 '집 떠나면 고생'이라는 말이 현실로 다가올 때가 한두 번이 아닐 것이다. 이러한 여행객들을 위해 저자는 소위 '전투(또는 생존) 중국어'를 표현하려고 노력했다. 저자는 필요한 시기에 던져지는 한 단어, 혹은 짧은 문장만으로도 중국인들과 아주 원활한 의사소통이 되는 것을 늘 보았다. 그래서 여정의 모든 상황에 꼭 필요한 회화와 단어들만 정선해 중국어를 배워 본 적이 없는 여행객도 이 책으로 실용적인 중국어를 구사할 수 있도록 하였다. 또한 출국, 숙박, 교통, 식당, 쇼핑, 관광, 여행 트러블, 입국에 이르는 상황에서 여행자들이 알아 두면 반드시 도움이 되는 최신 중국 여행 정보들을 실었다.

이 책은 중국여행을 원하지만 중국에 관한 기본지식이 부족하고 중국어를 배워 본 적이 없어서 언어소통에 두려움을 가지고 있는 사람들을 위해 엮은 여행중국어 책이다. 부끄러워서 뒤로 물러나지 않고, 이 책에 실린 표현들을 적시에 활용한다면 유익한 여행을 할 수 있으리라 확신한다. 이 책이 그러한 용기의 작은 밑천이 되었으면 하는 바람이다.

2004.7

이강인 · 양희석 · 원호영

목차

여행 준비

기본 회화

1 출발! 중국으로

2 중국에서 안심하고 잠자기

3 대중교통 이용하기

4 중국음식 즐기기

5 쇼핑 즐기기

6 중국문화 체험하기

7 트러블 현명하게 대처하기

8 한국으로 돌아가기

부록

1_ 중국어 성조, 5분 안에 마스터하는 법

중국어를 어렵게 느끼도록 만드는 네 개의 성조! 성조가 어색하면 중국인이 잘 못 알아듣는다던데.. 『신통방통 여행중국어』에는 우리에게 생소한 중국어의 사성을 우리말의 가장 비슷한 느낌을 예로 들어 알기 쉽게 설명하였습니다. 읽어 두면 본문 안에 있는 성조표시를 읽을 때 유용하게 쓰입니다.

2_ 기본 알기

각 장마다 들어가는 부분에 기본 알기가 마련되어 있는데, 여행을 갔을 때 꼭 필요한 정보들을 관련 사진자료와 함께 제공하여 여행의 즐거움을 배로 느낄 수 있도록 도와 주고 있습니다.

3_ 이런 상황, 이런 표현

각 장마다 장소와 상황별로, 여행지에서 일어날 수 있는 다양한 세부상황을 설정해 쉽고 간단한 회화 표현을 제공하였습니다. 또 단어 교체가 가능한 문장에는 교체 단어를 실어 상황에 따라 여러 가지로 말할 수 있게 하였습니다.

4_ 가리키면 통하는 바로바로 단어

중국어 몰라도 상관없습니다. 앞에 있는 회화가 어렵게 느껴진다면 '가리키면 통하는 바로바로 단어'를 펼치고 필요한 단어를 콕 찍어서 중국인에게 보여 주기만 하면 OK!

| 4성과 경성 |

중국어에서는 같은 'ma' 음을 발음한다고 하더라도, 성조가 다르면 그 의미도 완전히 달라집니다.

제1성(第一声) 처음부터 끝까지 같은 음 높이이며, 소리를 높고 평평하게 유지해야 합니다.

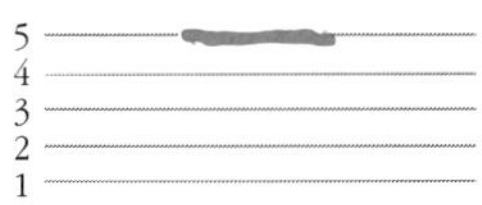

mā 妈 엄마

제2성(第二声) 단번에 가장 높은 음까지 소리를 끌어올립니다.

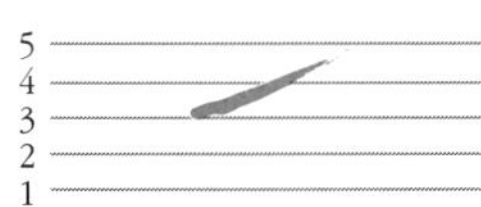

má 麻 마, 삼

제3성(第三声) 아주 낮은 위치까지 음을 낮추었다가 다시 살짝 올라간 상태에서 발음을 끝냅니다.

mǎ 马 말

제4성(第四声) 가장 높은 음에서 가장 낮은 음까지 급격하게 낮춥니다.

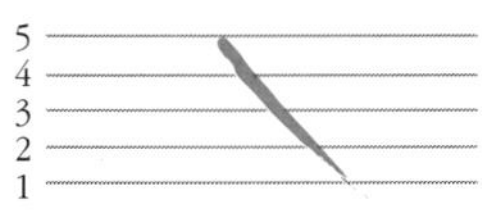

mà 骂 꾸짖다

경성(轻声) 가볍고 짧게 발음합니다.

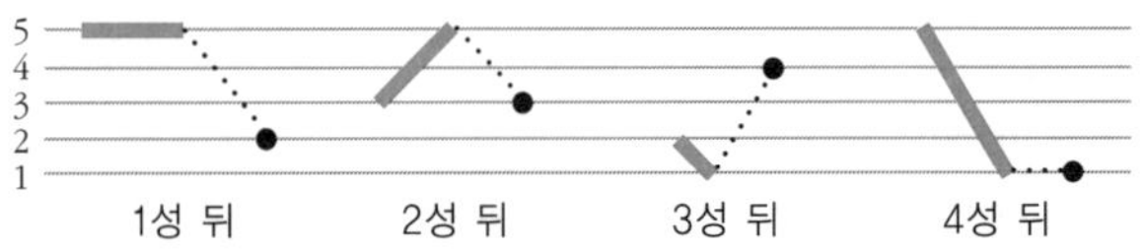

예 1성 뒤에 올 때는 māma 妈妈(엄마)
2성 뒤에 올 때는 yéye 爷爷(할아버지)
3성 뒤에 올 때는 nǎinai 奶奶(할머니)
4성 뒤에 올 때는 bàba 爸爸(아빠)

성조기호는 주운모 위에 붙입니다. 경성에는 별도의 성조기호를 붙이지 않는 것이 원칙입니다.

| 발음연습 |

māma mà mǎ.

妈妈骂马。엄마가 말을 꾸짖는다.

중국어의 어순은 SVO(주어 + 동사 + 목적어)입니다.

| 4성 발음의 요령 |

제1성 치과에서 의사선생님이 "'아-' 하세요." 할 때의 '아-'와 그 느낌이 비슷합니다.

제2성 다른 사람의 말에 "뭐?" 하고 반문할 때의 느낌과 비슷합니다.

제3성 무엇인가 깨달았을 때 머리를 끄덕이며 말하는 "아~아! 그렇구나!"의 '아~아'와 비슷합니다.

제4성 무언가 잊고 가져오지 않았을 때 "아!" 하고 깨닫죠. 이때의 '아!'와 느낌이 비슷합니다.

| 이렇게 기억합시다! |

제1성 치과에서 의사선생님이 입을 벌리라면서 "아–"

ā

제2성 상대방에게 반문할 때의 "뭐?"

á

제3성 무엇인가 깨달았을 때의 "아~아!"

ǎ

제4성 무언가 잊고 가져오지 않았을 때의 "아!"

à

여행메모

여행 준비

■ 중국의 국토와 기후

중국은 아시아 대륙의 동부, 태평양 서안에 위치하고 있다. 중국의 면적은 약 960만 평방 킬로미터(9,596,900㎢)로, 러시아, 캐나다에 이어 세계에서 세 번째, 아시아에서는 제일 크며 유럽의 전체 면적과 비슷하고, 한반도 면적의 44배, 남한의 100배에 이른다. 국경선의 총 길이는 20,280㎞로, 북한, 러시아, 몽골, 카자흐스탄, 키르키즈스탄, 타지키스탄, 아프카니스탄, 파키스탄, 인도, 네팔, 부탄, 미얀마, 라오스, 베트남 등의 15개 국가와 인접해 있다.

중국의 기후는 두 가지 중요한 특징이 있다. 첫째, 대륙성 계절풍 기후가 뚜렷하다. 둘째, 기후 유형이 복잡하고 다양하다.

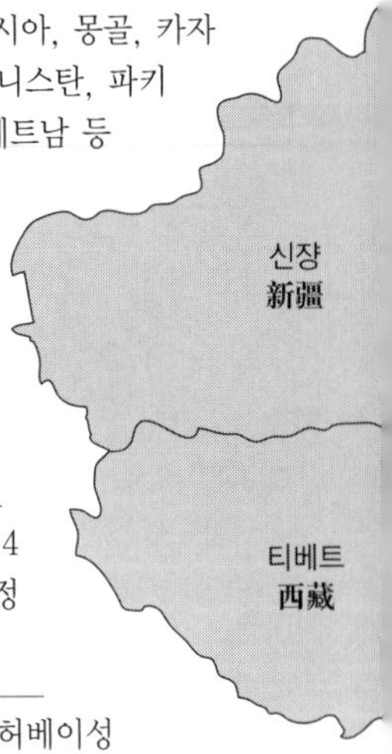

신장
新疆

티베트
西藏

■ 행정구역

중국의 행정구역은 다음과 같이 23개 성과 4개의 직할시, 5개의 자치구, 2개의 특별행정구, 그리고 수도로 구성되어 있다.

성(23)	헤이룽장성 지린성 랴오닝성 허베이성 허난성 산둥성 산시성 장쑤성 저장성 안후이성 푸지엔성 장시성 광둥성 후베이성 후난성 산시성 꾸이저우성 간쑤성 쓰촨성 윈난성 칭하이성 하이난성 타이완성
자치구(5)	네이멍구 자치구 신장 · 위구르 자치구 티베트 자치구 광시장족 자치구 닝샤회족 자치구

▼ 중국의 행정구획도

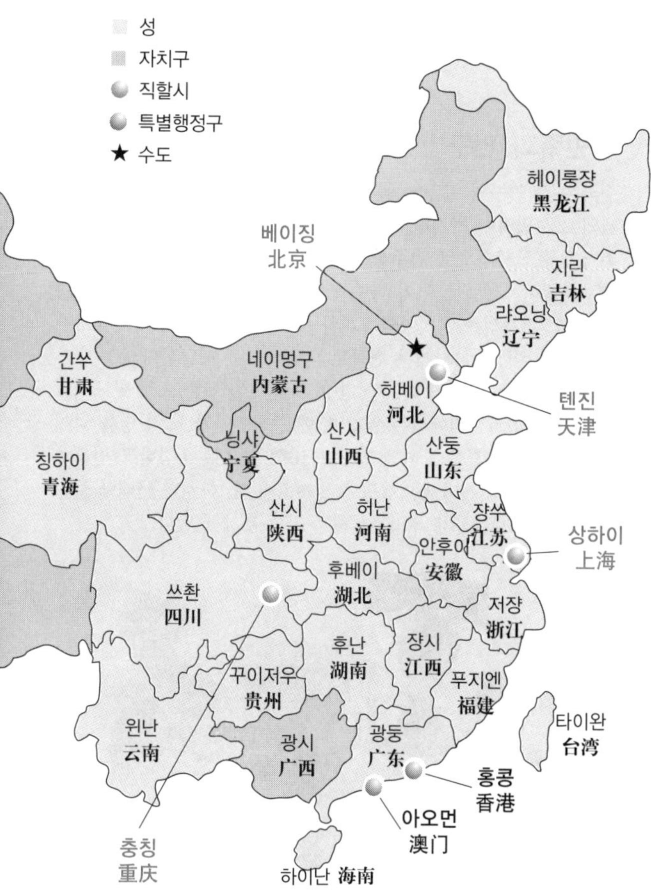
성
자치구
직할시
특별행정구
수도
헤이룽장
黑龙江
베이징
北京
지린
吉林
랴오닝
辽宁
간쑤
甘肃
네이멍구
内蒙古
허베이
河北
톈진
天津
닝샤
宁夏
산시
山西
칭하이
青海
산둥
山东
산시
陕西
허난
河南
장쑤
江苏
상하이
上海
안후이
安徽
후베이
湖北
쓰촨
四川
저장
浙江
후난
湖南
장시
江西
꾸이저우
贵州
푸지엔
福建
타이완
台湾
윈난
云南
광시
广西
광둥
广东
홍콩
香港
아오먼
澳门
충칭
重庆
하이난 海南

직할시(4)	베이징 톈진 상하이 충칭
특별행정구(2)	홍콩 마카오
수도	베이징

■ 민족과 인구

중국은 전 인구의 약 92%를 한족이 차지하고, 그 외 약 8%는 55개의 소수민족이 차지하고 있다. 55개 소수민족 중에서는 광시장족자치구를 중심으로 거주하는 장족이 인구가 가장 많고, 회족과 위구르족이 그 뒤를 이어 다수를 차지하고 있다. 중국에는 모두 148개의 소수민족 자치지역(5개의 자치구, 30개의 자치주, 113개의 자치현)이 있는데 이는 전국토의 63.7%에 해당한다.

중국의 인구는 12억 8,453만 명(2003년 1월 기준)으로 발표되었다. 중국사회과학원에서는 2025년에 중국인구가 15억 명을 넘어서리라는 예상과 함께 한계 인구를 16억 명으로 추정하고 법으로 '1가구 1자녀'의 산아제한 운동을 벌이고 있다. 하지만 근래에 들어 산아제한정책은 점차 유명무실해져 가는 추세에 있다.

▲ 만주족 ▲ 장족 ▲ 한족 ▲ 이족

중국의 명절

공휴일

중국은 일찍이 주 5일 근무제가 시행되어 매주 토요일과 일요일을 공휴일로 정해 놓았다. 그 밖의 국가 공휴일은 다음과 같다.

원단(元旦) 1월 1일
춘절(春節) 음력설, 음력 1월 1일
노동절(勞動節) 근로자의 날, 5월 1일
국경절(國慶節) 건국기념일, 10월 1일

춘절과 노동절, 국경절은 정부의 소비촉진정책에 맞춰 전주(前週)의 토요일과 일요일을 근무하는 대신 춘절은 음력 1월 1일부터 7일간, 노동절은 5월 1일부터 7일간, 국경절은 10월 1일부터 7일간 쉴 것을 권장하고 있다.

주요 기념일

부녀절(婦女節) 3월 8일
아동절(兒童節) 6월 1일
청년절(青年節) 5월 4일
건군절(建軍節) 8월 1일

전통 절기

원소절(元宵節) 음력 정월 15일
청명절(淸明節) 4월 5일경
단오절(端午節) 음력 5월 5일
중추절(中秋節) 추석, 음력 8월 15일

소수민족 축제일

발수절(潑水節) 4월 13~15일, 시솽반나(西双版纳) 태족(泰族)의 물 뿌리기 축제

▲ 태족의 축제인 발수절 모습

달로절(達努節) 음력 5월 29일, 요족(瑤族)의 신년
화파절(火把節) 음력 6월 24일, 이족(彝族)의 축제일
나달모(那達慕) 7월 10~14일경, 몽고족(蒙古族)의 축제일
설돈절(雪頓節) 매년 8월경, 티베트족의 축제일

▲ 설돈절雪頓節의 전불展佛 의식

주요기관 영업시간

중국 주요 기관의 영업시간은 다음과 같다. 단, 영업시간은 관공서라 할지라도 지역에 따라 다를 수 있다.

은행	08:30~17:00
우체국	8:30~16:30
백화점	10:00~21:00
상점	07:00~21:30
회사	08:30~18:00
관공서	08:30~17:00(점심시간 11:30~13:30)

■ 여권(passport)

▲ 대한민국 여권

여권은 여권소지자의 국적 및 신분을 증명하고, 여권을 발급한 나라로 언제든지 귀국할 수 있음을 약속함과 동시에, 체류국에 여권 소지자의 입국과 체류에 있어서 편의를 제공해 줄 것을 요청하는 국가와 국가 사이의 공문서이다.

여권의 종류 일반여권은 일반적으로 크게 복수여권, 단수여권으로 나누어진다. 복수여권은 유효기간이 5년이며, 유효기간 만료일까지 횟수에 제한 없이 국외여행을 할 수 있다. 단수여권은 유효기간이 1년으로, 1회에 한하여 국외여행을 할 수 있는 여권이다.

여권 신청 시 필요한 서류

❶ 여권발급신청서 1통(외무부 소정양식)
❷ 주민등록증(운전면허증, 공무원증 가능)
❸ 주민등록등본 1통
(3개월 이내에 발행한 것-여행사에서 신청 시 필요)
❹ 여권용 사진 2장(3.5㎝×4.5㎝, 3개월 이내에 촬영한 것)
❺ 도장
❻ 병역 미필자: 국외 여행허가서 1통
(관할 병무청에서 발급. 병역미필자의 경우 현행법상 단순 국외여행은 쉽지 않으나 여행을 하고자 하는 사람은 반드시 각 관할 병무청에 문의하기 바람.)

여권발급 신청과 수령 방법 서류(❷❸❹❺)가 준비되면 가까운 관청의 여권계로 간다. ➡ 견본을 보고 ❶을 작성한다. ➡ 단수여권 15,000원, 복수여권은 45,000원의 영수필증을 구입해 ❶에

붙인다. 증지는 200원이다. ➡ 모든 서류를 접수계에 접수시킨다. ➡ 접수증을 받아 잘 보관한다. ➡ 3~5일 후 지정된 날짜에 접수증과 도장, 주민등록증을 지참하고 여권을 수령한다.

여권발급기관

	지방청	전화번호
서울	종로구청 여권과	(02)731-0610~4
	노원구청 여권과	(02)950-3751~2
	서초구청 여권과	(02)570-6430~3
	영등포구청 여권과	(02)670-3450~1
	동대문구청 여권과	(02)2127-4681~4
	강남구청 여권과	(02)551-0211~5
부산	시청 여권계	(051)888-3561~6
대구	시청 여권계	(053)429-3888~2253
인천	시청 여권계	(032)440-2470/85
광주	시청 여권계	(062)224-2003
대전	시청 여권계	(042)600-2377/85
울산	시청 여권계	(052)272-3000~1
경기	도청 여권계	(031)249-4070~8
	북부 출장소	(031)850-2251~8
강원	도청 여권계	(033)249-2271~2
	환동해 수산출장소	(033)660-1254~5
충남	도청 여권계	(042)253-3001
충북	도청 여권계	(043)220-2561~9
경남	도청 여권계	(055)211-2661~3
경북	도청 여권계	(053)950-2215/53
전남	도청 여권계	(062)607-4378~9
전북	도청 여권계	(063)280-2253
제주	도청 여권계	(064)746-3000

■ 비자(visa)

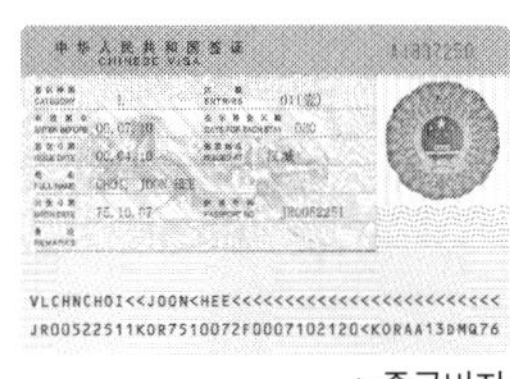

▲ 중국비자

비자는 입국하려는 국가의 재외공관이 발행하는 입국허가증이다. 중국비자는 단수와 복수 두 가지가 있는데, 단수비자는 1회 입국만 유효하며, 복수비자는 한번 비자를 받으면, 유효기간 동안 수시로 입국할 수 있다.

비자의 종류

〈단수비자〉

L비자: 관광용(유효기간 3개월 동안 30일 체류 가능한 것과 90일 체류 가능한 것, 배를 타면서 받는 30일 체류 가능한 선상비자 등.)

F비자: 학술회의나 취업용.

X비자: 유학용.

〈복수비자〉

유효기간이 6개월 이상 되는 것으로, 중국에서 초청을 했거나 업체에 재직하거나 중국으로 출장을 가는 경우 등에 받을 수 있다.

비자 신청 시 필요한 서류

❶ 비자신청서 1통(중국대사관 소정양식)

❷ 여권(유효기간이 6개월 이상 남아 있어야 한다.)

❸ 주민등록등본 1통이나 주민등록증 양면 복사본 1통(3개월 이내에 발행한 것)

❹ 여권용 사진 1장(3.5㎝×4.5㎝, 3개월 이내에 촬영한 것)

❺ 수수료(p.24 비자 발급 비용 참조)

❻ 복수비자의 경우

단수비자에 필요한 서류 외에 중국 친지, 정부기관, 단체 등의 초청장, 중국업체설립증, 재직 및 출장증명서 등

비자 발급 비용

〈보통비자〉

일차 입국비자	이차 입국비자	6개월 복수비자	1년 복수비자
20,000원	30,000원	40,000원	60,000원

〈급행비자〉 보통비자 발급비용+24,000원

〈특급비자〉 보통비자 발급비용+35,000원

비자 신청 시 주의사항

· 비자 발급 권한이 있는 여행사에 대리신청을 하거나 직접 신청한다.

· 모든 서류는 현금으로 결제한다.

· 접수시간: 오전 9시~12시(특급비자는 오전 10시에 접수 마감)

· 발급 소요 시간: 보통비자 - 접수일 기준 3박 4일 후
급행비자 - 다음날 혹은 접수일 기준 2박 3일 후
특급비자 - 접수 당일 11시 30분~12시

· 접수 후 접수증을 잘 보관한다. 만약 접수증을 분실하였을 경우, 파출소에서 발급한 분실증명서와 신분증을 소지하고 대사관 영사부에서 관련수속을 마쳐야 서류를 찾을 수 있다.

선상비자 배를 타고 중국으로 들어갈 경우 선상에서도 비자를 발급받을 수 있다.

· 필요한 서류: 여권(유효기간 6개월 이상), 사진 1장

· 수수료: 톈진(天津), 칭다오(青岛)의 경우 40$

· 유효기간: 1개월

· 단점: 체류기간이 늘어나거나 해당 도시를 벗어날 때 비자를 다시 발급해야 하는데 발급 시간이나 비용이 만만치 않다.

항공편

항공권은 항공회사의 매표창구나 시중 여행사에서 구입하면 되는데, 한달 전쯤에 예약해 놓는 것이 좋다. 중국의 공휴일[특히 춘절(春节), 노동절(劳动节), 국경절(国庆节)]과 방학 초는 성수기로, 항공권을 구하기도 힘들 뿐 아니라 가격도 평소보다 많이 비싸므로 이 시기는 피하는 것이 좋다.

여행경비 가운데 비교적 큰 비중을 차지하는 것이 항공요금이므로 여러 항공사와 여행사의 정보를 비교해 구입하는 것이 좋다. 여행사 중에서는 항공권 판매를 전문으로 하는 여행사도 있으므로 이를 이용하면 훨씬 저렴하게 항공권을 구입할 수 있다.

중국행 항공권은 가끔 좌석이 변경되는 낭패를 당하는 경우도 있으므로 떠나기 며칠 전부터 적어도 한두 번 정도는 예약 상황을 확인하는 것이 좋다.

여행사의 경우 출발 2~3일 전에 발권해 두는 것이 좋고, 항공사의 경우에는 출발 당일 공항에서 바로 티켓을 구입해도 무방하다.

노선별 소요시간

인천 출발			
베이징(北京)	2시간 10분	창춘(长春)	2시간 20분
청뚜(成都)	4시간	충칭(重庆)	4시간 10분
따리엔(大连)	1시간	광저우(广州)	3시간 40분
꾸이린(桂林)	3시간 50분	항저우(杭州)	2시간
하얼빈(哈尔滨)	2시간 10분	지난(济南)	1시간 40분
쿤밍(昆明)	4시간 50분	난징(南京)	1시간 50분
칭다오(青岛)	1시간 35분	싼야(三亚)	4시간 40분

상하이(上海)	1시간 50분	선양(沈阳)	1시간 50분
톈진(天津)	1시간 50분	우한(武汉)	2시간 40분
샤먼(厦门)	3시간	시안(西安)	2시간 50분
옌지(延吉)	2시간 30분	옌타이(烟台)	1시간 20분

제주 출발			
베이징(北京)	2시간 30분	상하이(上海)	1시간 20분

광주 출발			
상하이(上海)	1시간 30분		

부산 출발			
베이징(北京)	1시간 45분	상하이(上海)	1시간 35분
시안(西安)	3시간 10분	칭다오(青岛)	1시간 30분
선양(沈阳)	2시간		

청주 출발			
선양(沈阳)	1시간 50분	상하이(上海)	1시간 20분

대구 출발			
베이징(北京)	2시간 20분	상하이(上海)	1시간 45분
선양(沈阳)	1시간 50분	칭다오(青岛)	1시간 40분
옌타이(烟台)	1시간 40분		

■ 항공사별 항공권 예약처

항공사	2코드	예약전화번호
대한항공	KE	02-1588-2001

아시아나항공	OZ	02-1588-8000
중국국제항공	CA	02-774-6886
중국동방항공	MU	02-518-0330
중국서북항공	WH	02-775-5157
중국남방항공	CZ	02-3455-1600
중국하문항공	MF	02-3455-1662
중국해남항공	HU	02-779-0600

■ 선박편

배를 이용하여 중국으로 들어가기 위해서는 인천이나 군산, 평택 등의 항구 도시에서만 출발이 가능하다. 인천에서는 중국의 톈진(天津), 따리엔(大连), 칭다오(青岛), 웨이하이(威海), 딴뚱(丹东), 옌타이(烟台), 잉코우(营口), 스다오(石岛)로 들어가고, 군산에서는 칭다오, 평택에서는 롱청(荣成), 르짜오(日照)로 들어간다. 이 중에서 가장 일반적인 것이 역시 인천항에서 중국으로 들어가는 선박편이다. 이 루트가 배편으로는 가장 빠르다. 선박을 이용하려는 여행객은 각 지역의 국제여객터미널을 찾아 승선권을 구입하고 자세히 문의할 수 있다.

출발 선박명 및 요금표(+1은 익일 표시임)

선박명	구간	출발요일	출발시간	도착시간	요금
진천페리	인천→톈진	화	11:00	13:00(+1)	편도
		금	19:00	17:00(+1)	$120~250
	톈진→인천	월목	11:00	13:00(+1)	
위동페리	인천→웨이하이	화목토	19:00	18:00(+1)	편도
	웨이하이→인천	수금일	18:00	09:00(+1)	$110~250
	인천→ 칭다오	월수금일	13:00	09:00(+1)	
	칭다오→ 인천	월화목토	18:00	15:00(+1)	

대인페리	따리엔→ 인천	월	12:00	09:00(+1)	편도
		수	16:30	09:00(+1)	$120~230
		금	15:30	09:00(+1)	
	인천→ 따리엔	화 목	16:30	08:00(+1)	
		토	18:00	10:00(+1)	
단동페리	인천→ 딴똥	월 수 금	17:00	09:00(+1)	편도
	딴똥→ 인천	화 목	15:30	08:00(+1)	$100~200
		일	15:00	08:00(+1)	
한중페리	인천→ 옌타이	화 목 토	18:00	08:30(+1)	편도
	옌타이→ 인천	월 수 금	16:30	08:30(+1)	$110~300
범영페리	인천→ 잉코우	월 금	19:00	19:00(+1)	편도
	잉코우→ 인천	목 일	10:00	10:00(+1)	$100~200
화동해운	인천→ 스다오	월 수 금	18:00	08:00(+1)	편도
	스다오→ 인천	화 목 일	18:00	08:00(+1)	$100~200

승선권 예매 및 안내

-진천 FERRY

서울 02-517-8671~7
인천 032-887-3961~7
톈진 022-311-2843

-위동 FERRY

서울 02-711-9111
인천 032-886-6171
웨이하이 0691-522-3321
칭다오 0532-280-3574

-대인 FERRY

인천 032-888-2611
따리엔 0441-270-5082

▲▲ 인천 제2국제여객터미널 입구
▲ 인천 제2국제여객터미널 출국장

■ 준비물 체크

여행 일정이 결정되면 충분한 시간을 두고 짐을 챙겨야 한다. 아래 목록을 참고로 해서 필요한 물품을 빠짐없이 준비해 보자.

물품명	확인	물품명	확인	물품명	확인
여권(비자)		항공권		여행 안내 책자	
세면도구		모자		예비사진(여권용)	
선크림		수건		현금	
스웨터		속옷		화장품	
선글라스		티셔츠		양말(스타킹)	
구급약		운동화		생리용품	
비상식량		반짇고리		샌들	
사전(소형)		국제전화카드		필기도구	
맥가이버 칼		콘택트렌즈		자명종	
우산		선물		계산기	
기타					

■ 여행가방의 크기와 무게

비행기에 탁송할 수 있는 수하물의 무게는 20kg으로 제한된다. 이 무게를 초과할 때는 1kg마다 별도의 추가요금을 내야 한다. 기내에 반입할 수 있는 가방과 짐은 가로, 세로, 높이의 합계가 115cm 이내로 좌석 밑에 들어갈 수 있는 크기, 이보다 큰 짐은 출국수속 때 따로 부쳐야 한다.

■ 환전

공항에서 쓸 만큼의 돈을 환전하면 된다. 환전을 할 때는 큰 단위에서부터 작은 단위까지 골고루 환전하는 것이 여행할 때 편리하다.

중국의 돈 - 런민삐(人民币): 런민삐의 가장 큰 단위는 100위안(元)짜리 지폐이다. 1자오(角)는 10펀(分), 1위안은 10자오와 같다. '위안(元)'은 구어로 '콰이(块)'라고 하고, '자오(角)'는 '마오(毛)'라고도 한다.

▲ 위에서부터 차례로 1마오, 2마오, 5마오

▲ 위에서부터 차례로 1위안, 2위안, 5위안

▲ 위에서부터 차례로 10위안, 20위안, 50위안, 100위안

▶ 위에서부터 1위안, 5마오, 1마오, 5펀, 2펀, 1펀짜리 동전

기본 회화

기본 인사

안녕하세요!

안녕하세요!(아침)

안녕히 주무세요!

안녕하세요?(점심)

어디 가세요?

이씨 아저씨 안녕하세요!

오, 왔네요!

밥 먹으러 가요?

니 하오
你 好!

너희들
니먼
你们

짜오상 하오 / 짜오 안
早 上 好! / 早 安!

완안
晚 安!

우안
午 安!

상 날
上 哪 儿?

가다
취
去

리 스푸 하오
李 师 傅 好!

에이, 니 라이 라
哎, 你 来 啦!

츠 판 취 아
吃 饭 去 啊!

헤어질 때

안녕히 가세요!

잘 가요.

행운이 있기를!

조금 있다 봐요!

내일 봐요!

아저씨, 안녕히 가세요!

길조심 하세요.

여행 즐겁게 하세요!

짜이지엔
再见！

만 쪼우
慢走！

쭈 니 이 루 핑안
祝你一路平安。

이후알 지엔
一会儿见！

밍티엔 지엔
明天见！

수수 짜이지엔
叔叔再见！

루상 샤오신
路上小心！

뤼투 위콰이
旅途愉快！

처음 만났을 때 1

처음 뵙겠습니다.

만나서 반갑습니다!

당신의 이름은 무엇입니까?

저는 윤혜림입니다.

저는 한국인입니다.

당신의 직업은 무엇입니까?

나는 학생입니다.

서울에서 살고 있습니다.

추츠 지엔미엔
初次见面。

런스 니 헌 까오싱
认识你很高兴!

니 쟈오 선머 밍즈
你叫什么名字?

워 쟈오 인 후이린
我叫尹惠琳。

워 스 한구어런
我是韩国人。

니 쭈어 선머 꽁쭈오
你做什么工作?

워 스 쉬에성
我是学生。

회사원
꽁쓰 즈위엔
公司职员

워 쭈짜이 한청
我住在汉城。

부산	대전	광주
푸산	**따티엔**	**꽝저우**
釜山	大田	光州

처음 만났을 때 2

잘 부탁드립니다.

저야말로 잘 부탁합니다.

이것은 제 명함입니다.

한국어를 할 수 있습니까?

조금 할 줄 압니다.

이해하시겠습니까?

좀더 천천히 말씀해 주세요.

다시 한번 말씀해 주세요.

칭 뚜어 꽌짜오
请多关照。

나리나리, 칭 니 뚜어 꽌짜오 워
哪里哪里，请你多关照我。

쩌 스 워 더 밍피엔
这是我的名片。

니 후이 수어 한위 마
你会说韩语吗？

중국어	영어
한위 汉语	**잉위** 英语

후이 이디알
会一点儿。

팅동 러 메이요우
听懂了没有？

칭 수어 만 디알
请说慢点儿。

칭 짜이 수어 이 비엔
请再说一遍。

안부를 물을 때

오랜만입니다.

말씀 많이 들었습니다.

잘 지내십니까?

잘 지냅니다. 당신은요?

잘 지냅니다.

그저 그래요.

식사는 하셨습니까?

덕분에 모두 건강합니다.

하오 지우 부 지엔
好久不见。

지우양 지우양
久仰久仰。

니 하오 마
你好吗?

워 헌 하오, 니 너
我很好,你呢?

부추오
不错。

마마 후후
马马虎虎。

츠 판 러 마
吃饭了吗?

투오 닌 더 푸, 또우 지엔캉
托您的福,都健康。

대답할 때

예. / 아니오.

맞습니다. / 틀렸습니다.

됩니다. / 안 됩니다.

알겠습니다. / 모르겠습니다.

압니다. / 모릅니다.

이해했습니다. / 이해가 안 됩니다.

스 / 부 스
是。/ 不是。

뚜이 / 부 뚜이
对。/ 不对。

싱 / 뿌 싱
行。/ 不行。

밍바이 러 / 뿌 밍바이
明白了。/ 不明白。

쯔다오 / 뿌 쯔다오
知道。/ 不知道。

팅동 러 / 팅 뿌 동
听懂了。/ 听不懂。

감사 · 사과할 때

감사합니다.

괜찮습니다.

미안합니다.

용서하세요.

실례했습니다.

수고했습니다.

당신께 정말 감사합니다.

폐를 끼쳤습니다.

시에시에
谢谢!

메이 설 / 메이 꽌시
没事儿。/没关系。

뚜이부치
对不起。

칭 위엔량
请原谅。

마판 니 러
麻烦你了。

신쿠 러
辛苦了。

뚜어 시에 니 아
多谢你啊!

다라오 러
打扰了。

양해를 구할 때

여기에 앉아도 될까요?

말씀 좀 묻겠습니다.

담배를 피워도 됩니까?

사진을 찍어도 됩니까?

창문 좀 열어도 되겠습니까?

이렇게 해도 됩니까?

먼저 하십시오.

좀 비켜 주세요.

워 커이 짜이 쩔 쭈오 마
我可以在这儿坐吗?

칭 원 이샤
请问一下。

워 커이 시옌 마
我可以吸烟吗?

워 커 뿌 커이 파이짜오
我可不可以拍照?

촹후 커 뿌 커이 다카이
窗户可不可以打开?

닫다
꽌상
关上

쩌양 쭈오, 싱 뿌 싱
这样做，行不行?

닌 시엔 라이
您先来。

칭 랑 이샤
请让一下。

질문할 때

이것은 얼마입니까?

오늘은 며칠입니까?

지금 몇 시입니까?

저 사람은 누구입니까?

어디입니까?

무엇입니까?

왜요?

얼마나 걸립니까?

쩌 거 쩐머 마이 / 뚜어사오 치엔
这个怎么卖？/多少钱？

저것
나 거
那个

진티엔 지 하오
今天几号？

시엔짜이 지 디엔
现在几点？

타 스 쉐이
他是谁？

그녀
타
她

날
哪儿？

선머
什么？

웨이선머
为什么？

뚜어 창 스지엔
多长时间？

숫자	0 링 零	1 이 一	2 얼 二
3 싼 三	4 쓰 四	5 우 五	6 리우 六
7 치 七	8 빠 八	9 지우 九	10 스 十
11 스이 十一	12 스얼 十二	13 스싼 十三	14 스쓰 十四
15 스우 十五	16 스리우 十六	17 스치 十七	18 스빠 十八
19 스지우 十九	20 얼스 二十	30 싼스 三十	40 쓰스 四十
50 우스 五十	60 리우스 六十	70 치스 七十	80 빠스 八十

90 지우스 九十	100 이바이 一百	200 량바이 两百	300 싼바이 三百
400 쓰바이 四百	500 우바이 五百	600 리우바이 六百	700 치바이 七百
800 빠바이 八百	900 지우바이 九百	1000 이치엔 一千	10000 이완 一万

개수	한 개 이 거 一个	두 개 량 거 两个	세 개 싼 거 三个
네 개 쓰 거 四个	다섯 개 우 거 五个	여섯 개 리우 거 六个	일곱 개 치 거 七个
여덟 개 빠 거 八个	아홉 개 지우 거 九个	열 개 스 거 十个	몇 개 지 거 几个

사람 수	한 명 이 거 런 一个人	두 명 량 거 런 两个人	세 명 싼 거 런 三个人
네 명 쓰 거 런 四个人	다섯 명 우 거 런 五个人	여섯 명 리우 거 런 六个人	일곱 명 치 거 런 七个人
여덟 명 빠 거 런 八个人	아홉 명 지우 거 런 九个人	열 명 스 거 런 十个人	몇 명 지 거 런 几个人

월	1월 이위에 一月	2월 얼위에 二月	3월 싼위에 三月
4월 쓰위에 四月	5월 우위에 五月	6월 리우위에 六月	7월 치위에 七月
8월 빠위에 八月	9월 지우위에 九月	10월 스위에 十月	11월 스이위에 十一月

12월 스얼위에 十二月	몇 월 지 위에 几月		

일	1일 이 하오 一号	2일 얼 하오 二号	3일 싼 하오 三号
4일 쓰 하오 四号	5일 우 하오 五号	6일 리우 하오 六号	7일 치 하오 七号
8일 빠 하오 八号	9일 지우 하오 九号	10일 스 하오 十号	11일 스이 하오 十一号
12일 스얼 하오 十二号	13일 스싼 하오 十三号	14일 스쓰 하오 十四号	15일 스우 하오 十五号
16일 스리우 하오 十六号	17일 스치 하오 十七号	18일 스빠 하오 十八号	19일 스지우 하오 十九号

20일 얼스 하오 二十号	21일 얼스이 하오 二十一号	22일 얼스얼 하오 二十二号	23일 얼스싼 하오 二十三号
24일 얼스쓰 하오 二十四号	25일 얼스우 하오 二十五号	26일 얼스리우 하오 二十六号	27일 얼스치 하오 二十七号
28일 얼스빠 하오 二十八号	29일 얼스지우 하오 二十九号	30일 싼스 하오 三十号	31일 싼스이 하오 三十一号
며칠 지 하오 几号			

요일

월요일 싱치이 星期一	화요일 싱치얼 星期二	수요일 싱치싼 星期三	
목요일 싱치쓰 星期四	금요일 싱치우 星期五	토요일 싱치리우 星期六	일요일 싱치티엔 星期天

해(年)	작년의 재작년 따 치엔니엔 大前年	재작년 치엔니엔 前年	작년 취니엔 去年
금년 진니엔 今年	내년 밍니엔 明年	후년 호우니엔 后年	내후년 따 호우니엔 大后年

때 · 계절	그제 치엔티엔 前天	어제 쭈오티엔 昨天	오늘 진티엔 今天
내일 밍티엔 明天	모레 호우티엔 后天	아침 짜오상 早上	낮 바이티엔 白天
저녁 완상 晚上	오전 상우 上午	정오 쭝우 中午	오후 샤우 下午
지난주 상 거 싱치 上个星期	이번주 쩌 거 싱치 这个星期	다음주 샤 거 싱치 下个星期	지난달 상 거 위에 上个月

이번달 쩌 거 위에 这个月	다음달 샤 거 위에 下个月	조금 전 깡차이 刚才	지금 시엔짜이 现在
곧 마상 马上	나중에 이호우 以后	봄 춘티엔 春天	여름 샤티엔 夏天
가을 치우티엔 秋天	겨울 똥티엔 冬天		

시간	1시 이 디엔 一点	2시 량 디엔 两点	3시 싼 디엔 三点
4시 쓰 디엔 四点	5시 우 디엔 五点	6시 리우 디엔 六点	7시 치 디엔 七点
8시 빠 디엔 八点	9시 지우 디엔 九点	10시 스 디엔 十点	11시 스이 디엔 十一点

12시 스얼 디엔 十二点	5분 우 펀 五分	10분 스 펀 十分	15분 스우 펀 十五分
15분 이 커 一刻	20분 얼스 펀 二十分	25분 얼스우 펀 二十五分	30분 싼스 펀 三十分
반 빤 半	35분 싼스우 펀 三十五分	40분 쓰스 펀 四十分	45분 쓰스 우 펀 四十五分
45분 싼 커 三刻	50분 우스 펀 五十分	55분 우스우 펀 五十五分	몇 분 지 펀 几分

방향	오른쪽 요우비엔 右边	왼쪽 쭈오비엔 左边	앞쪽 치엔미엔 前面
뒤쪽 호우미엔 后面	동쪽 똥비엔 东边	서쪽 시비엔 西边	남쪽 난비엔 南边

북쪽 베이비엔 北边	맞은편 뚜이미엔 对面	어느쪽 나 거 팡샹 哪个方向	

감정	기쁘다 카이신 开心	즐겁다 콰이러 快乐	재미있다 요우이쓰 有意思
재미없다 메이요우이쓰 没有意思	반갑다 까오싱 高兴	기분 좋다 위콰이 愉快	불쾌하다 뿌 위콰이 不愉快
부러워하다 시엔무 羡慕	섭섭하다 리우리엔 留恋	쓸쓸하다 지모 寂寞	무섭다 하이파 害怕
겁나다 파 怕	화가 나다 셩치 生气	답답하다 판먼 烦闷	우습다 하오샤오 好笑
행복하다 싱푸 幸福	흥분하다 싱펀 兴奋	감동하다 간똥 感动	괜찮다 하이 커이 还可以

사랑하다 아이 爱	좋아하다 시환 喜欢	싫어하다 뿌 시환 不喜欢	질투하다 지뚜 嫉妒
만족하다 만이 满意	슬프다 뻬이아이 悲哀	괴롭다 난꾸어 难过	실망하다 스왕 失望
분하다 치펀 气愤	놀라다 츠징 吃惊	참다 런나이 忍耐	마음 놓다 팡신 放心

여행메모

1 출발! 중국으로

중국으로 출발하기

탑승수속 › 출국신고서 작성 › 병무신고 및 검역 › 세관신고 › 보안검색 › 출국심사 › 탑승

탑승수속 및 수하물 탁송 해당 항공사의 체크인 카운터로 가서 탑승수속을 받고 수하물을 부친다.

출국신고서 작성 및 출국납부권 구입 출국신고서를 작성해 출국심사 시 제출한다. **출국납부권 구입처:** 출발층(3층) 은행, 환전소나 출국납부권 자동판매기에서 출국납부권(10,000원)을 구입한다.(국제여객공항이용료 17,000원은 항공권에 포함해 징수된다.)

병무신고 및 검역 병역의무자는 필요한 서류를 구비해 출국과 귀국 시 신고를 한다.(병무청 홈페이지: www.mma.go.kr, 병무신고 관련 문의: 032-740-2500) 검역소에서는 외국여행자, 동물, 식물에 대한 검역 및 증명서를 발급한다. 도착지 국가에 따라 검역증명서를 확인하니 해당 항공사에 확인을 한다.

세관신고 외화(미화 1만 달러 이상)나 고가의 휴대물품 등을 신고할 사항이 있을 경우.

보안검색 기내 휴대 물품은 무게 10kg 이내의 가로, 세로, 높이의 총합이 115cm 이내로 제한한다. 검색요원의 안내에 따라 소지품을 문형금속탐지기로 통과시킨다.

출국심사 여권, 탑승권, 출국신고서를 직원에게 제시한다. 국내면세점에서 구입한 면세품은 출국 시 면세품 인도장(28번 게이트 맞은편)에서 인도 받는다.

탑승 항공기 출발 40분 전에 승무원의 안내에 따라 항공기에 탑승한다.

중국에 입국하기

검역 > 입국심사 > 수하물 찾기 > 세관신고

검역 비행기에서 내려 행렬을 따라 가다 입국수속대가 나오면 기내에서 작성한 건강검역카드를 제출한다.

입국심사 여권과 입국신고서를 제출한다.

수하물 찾기 검역과 입국심사를 거치고 자신이 타고 왔던 비행기의 수하물이 있는 수하물 수령대로 가서 짐을 찾는다.

세관신고 고가의 카메라, 노트북 등은 신고를 하고, 외국인은 소지한 돈이 미화 5,000달러 이상일 경우 세관에 신고한다.

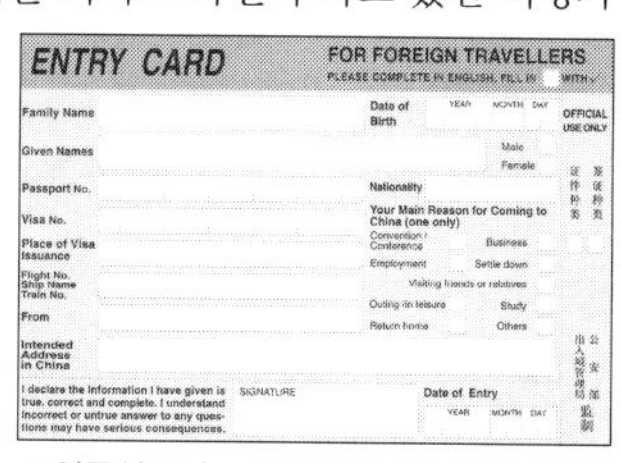

ENTRY CARD
FOR FOREIGN TRAVELLERS
PLEASE COMPLETE IN ENGLISH. FILL IN WITH ✓
Family Name
Date of Birth YEAR MONTH DAY
OFFICIAL USE ONLY
Given Names
Male
Female
Passport No.
Nationality
Visa No.
Your Main Reason for Coming to China (one only)
Place of Visa Issuance
Convention / Conference
Business
Employment
Settle down
Flight No. Ship Name Train No.
Visiting friends or relatives
Outing in leisure
Study
From
Return home
Others
Intended Address in China
I declare the information I have given is true, correct and complete. I understand incorrect or untrue answer to any questions may have serious consequences.
SIGNATURE
Date of Entry YEAR MONTH DAY

▲ 입국신고서 – 외국인은 영문으로 된 면에 기재한다.

건강검역카드

① 本申明卡为机读卡片，请勿揉折，以免影响您正常通关。请将您选中项前的 ⬭ 涂黑 ⬬ 。: 이 검역카드는 OMR카드입니다. 정상적인 통관을 위하여 더럽히거나 구기지 말아 주십시오. 선택사항에는 ⬬ 와 같이 까맣게 칠해 주십시오.

② 姓名 : 이름

③ 性别 : 성별

④ 出生日期 : 생년월

⑤ 国籍(地区) : 국적(지역)

⑥ 护照号码 : 여권번호

⑦ 车(船)次/航班号 : 차번호/항반번호

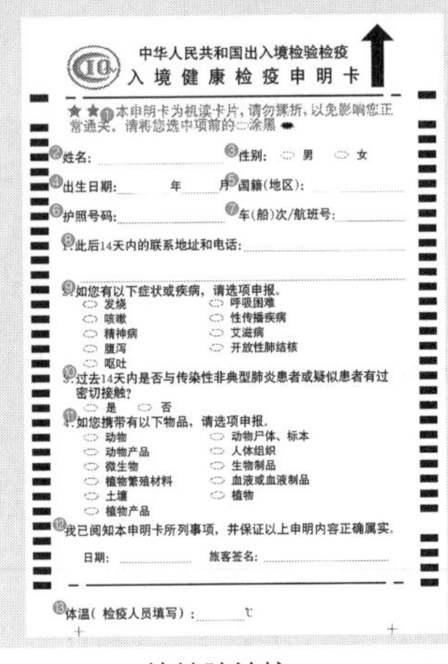

中华人民共和国出入境检验检疫
入 境 健 康 检 疫 申 明 卡

① 本申明卡为机读卡片，请勿揉折，以免影响您正常通关。请将您选中项前的⬭涂黑

② 姓名: ③ 性别: ⬭ 男 ⬭ 女

④ 出生日期: 年 月 ⑤ 国籍(地区):

⑥ 护照号码: ⑦ 车(船)次/航班号:

⑧ 此后14天内的联系地址和电话:

⑨ 如您有以下症状或疾病，请选项申报。
⬭ 发烧 ⬭ 呼吸困难
⬭ 咳嗽 ⬭ 性传播疾病
⬭ 精神病 ⬭ 艾滋病
⬭ 腹泻 ⬭ 开放性肺结核
⬭ 呕吐

⑩ 过去14天内是否与传染性非典型肺炎患者或疑似患者有过密切接触?
⬭ 是 ⬭ 否

⑪ 如您携带有以下物品，请选项申报。
⬭ 动物 ⬭ 动物尸体、标本
⬭ 动物产品 ⬭ 人体组织
⬭ 微生物 ⬭ 生物制品
⬭ 植物繁殖材料 ⬭ 血液或血液制品
⬭ 土壤 ⬭ 植物
⬭ 植物产品

⑫ 我已阅知本申明卡所列事项，并保证以上申明内容正确属实。

日期: 旅客签名:

⑬ 体温(检疫人员填写): ℃

⑧ 此后14天内的联系地址和电话 : 오늘부터 14일 이내에 연락 가능한 주소와 전화번호

⑨ 如您有以下的症状或疾病，请选项申报。: 아래 증상이나 질병이 있다면 체크하고 신고하시오.

发烧 : 열
呼吸困难 : 호흡곤란
咳嗽 : 기침
性传播疾病 : 전염성 성병
精神病 : 정신병
艾滋病 : AIDS
腹泻 : 설사
开放性肺结核 : 전염성 폐결핵
呕吐 : 구토

⑩ 过去14天内是否与传染性非典型肺炎患者或疑似患者有过密切接触? : 지난 14일 이내에 전염성호흡기 환자나 유사 환자와 밀접한 접촉이 있었습니까?

是 : 네
否 : 아니오

⑪ 如您携带有以下物品，请选项申报。: 다음 중에서 휴대하고 있는 물건이 있다면 체크하고 신고하시오.

动物 : 동물
动物尸体、标本 : 동물시체, 표본
动物产品 : 동물 산물
人体组织 : 인체조직
微生物 : 미생물
生物制品 : 생물제품
植物繁殖材料 : 식물번식재료
血液或血液制品 : 혈액이나 혈액제품
土壤 : 흙
植物 : 식물
植物产品 : 식물 산물

⑫ 我已阅知本申明卡所列事项，并保证以上申明内容正确属实。: 나는 이 신청카드의 모든 사항을 읽었으며, 이상의 내용은 사실과 다름 없습니다.

日期 : 날짜
旅客签名 : 여행자 서명

⑬ 体温(检疫人员填写) : 체온(검역 직원 기입)

■ 여행지나 1차 숙소로 이동하기

위와 같은 순서로 공항을 빠져 나오게 되면 택시나 공항리무진을 이용해 1차 숙소 혹은 여행지로 향하면 된다.

택시 기본요금은 10위안이며, 킬로미터당 할증요금이 뒷문에 표시되어 있다. 일반적으로 공항에 오는 택시들의 할증요금은 킬로미터당 1.6위안과 2위안이다.(기본요금과 할증요금은 도시마다 다르다.)

공항리무진 공항리무진은 공항 1층에 있는 매표소에서 가격과 노선표를 참고해 이용하면 된다.(이용 요금 : 16위안)

■ 공항버스노선(베이징)

1번 노선(시딴西单 방향) 위양호텔鱼阳饭店-똥즈먼东直门-똥쓰스탸오챠오东四十条桥-차오양먼챠오朝阳门桥-야바오루雅宝路-시딴

2번 노선(꽁주펀公主坟 방향) 국제전람중심国际展览中心-시빠허西坝河-마디엔챠오马甸桥-베이타이핑좡北太平庄-지먼챠오蓟门桥- 요우이호텔북문友谊饭店北门- 베이징TV방송국北京电视台-쯔쭈챠오紫竹桥-항톈챠오航天桥-꽁주펀

3번 노선(베이징역北京站 방향) 싼위엔챠오三元桥-똥따챠오东大桥-차오양먼챠오-야바오루-베이징역

4번 노선(팡좡方庄 방향) 량마챠오亮马桥-후쟈로우呼家楼-따베이야오大北窑-판쟈위엔潘家园-스리허十里河-팡좡

5번 노선(쭝관춘쓰챠오中关村四桥 방향) 후이신똥챠오惠新东桥-컨티넨셔널그랜드호텔五洲大饭店-쭝관춘쓰챠오

입국 심사대에서

여권(입국신고서)을 제시해 주십시오.

(여권) 여기 있습니다.

중국에 오신 목적은 무엇입니까?

관광차 왔습니다.

중국에서 얼마나 머물 것입니까?

일주일 정도입니다.

어디에서 머물 계획입니까?

상하이허핑호텔이요.

칭 추스 후자오(루징 떵지카)
请出示护照(入境登记卡)。

(후자오) 짜이 쩔
(护照)在这儿。

입국신고서
루징 떵지카
入境登记卡

라이 쭝구어 더 무디 스 선머
来中国的目的是什么?

뤼요우
旅游。

사업	출장	유학
꽁쭈오	**추차이**	**리우쉬에**
工作	出差	留学

야오 짜이 쭝구어 팅리우 뚜어 지우
要在中国停留多久?

이 거 싱치 쭈오요우
一个星期左右。

한 달
이 거 위에
一个月

닌 다쏸 쭈 날
您打算住哪儿?

상하이 허핑 판디엔
上海和平饭店。

수하물 찾기

수하물 수령대가 어디입니까?

제 짐을 찾을 수가 없습니다.

어느 비행기를 타고 오셨습니까?

아시아나항공 OZ332편입니다.

이것은 제 수하물표입니다.

이것이 제 짐입니다. 감사합니다.

싱리 링취추 짜이 날
行李领取处在哪儿?

워 자오 부 따오 워 더 싱리
我找不到我的行李。

나 츠 항빤
哪次航班?

한야 항콩 OZ 싼 싼 얼 빤지
韩亚航空 OZ332 班机。

쩌 스 워 더 싱리파이
这是我的行李牌。

쩌 스 워 더 싱리, 시에시에
这是我的行李, 谢谢。

공항 벗어나기

말씀 좀 묻겠습니다. 택시 타는 곳이 어딥니까?

기사님! 왕푸징으로 갑시다.

공항버스 정류장은 어디에 있습니까?

어디로 가시겠습니까?

인허호텔로 갑니다.

그렇다면, 공항버스 3번 노선을 타세요.

요금은 얼마입니까?

한 장 주세요.

칭원, 짜이 날 쭈오 추쭈처
请问，在哪儿坐出租车？

스푸! 따오 왕푸징
师傅！到王府井。

지창 빠스짠 짜이 날
机场巴士站在哪儿？

닌 야오 취 날
您要去哪儿？

취 인허 삔관
去银河宾馆。

나머, 닌 쭈오 지창 싼 시엔
那么，您坐机场三线。

퍄오쟈 뚜어사오 치엔
票价多少钱？

야오 이 짱
要一张。

공항	비행기 페이지 飞机	국제선 구어지시엔 国际线	국내선 구어네이시엔 国内线
입국신고서 루징 떵지카 入境登记卡	검역 지엔이 检疫	비행기표 지퍄오 机票	여권 후자오 护照
비자 치엔쩡 签证	탑승권 떵지파이 登机牌	창가쪽 좌석 카오촹 쭈오웨이 靠窗座位	복도쪽 좌석 카오따오 쭈오웨이 靠道座位
이륙 치페이 起飞	도착 따오다 到达	스튜어디스 콩쭝 샤오지에 空中小姐	스튜어드 콩쭝 사오예 空中少爷
비즈니스클래스 상우창 商务舱	이코노미클래스 징지창 经济舱	안전벨트 안취엔따이 安全带	카트 소우투이처 手推车
휴대품 쑤이선 싱리 随身行李	짐 싱리 行李	수하물보관증 싱리파이 行李牌	입국심사대 루징 지엔차 入境检查
세관 하이꽌 海关	수하물 수령대 싱리 링취추 行李领取处	공항버스 지창 빠스 机场巴士	환전소 뚜이환추 兑换处

2

중국에서 안심하고 잠자기

■ 호텔 종류

호텔급 숙소 饭店(판디엔), 酒店(지우디엔), 宾馆(삔관) 등.

그 외 旅馆(뤼관), 旅社(뤼서), 招待所(짜오따이쑤어) 등.
판디엔, 지우디엔, 삔관은 명칭만 다를 뿐 우리나라에서 호텔이라고 부르는 여러 가지 숙박업소의 다른 이름이다.
뤼관, 뤼서, 자오따이쑤어의 경우 호텔급이 아니라 시설이 떨어지며 사기, 절도 등의 위험요소가 많다. 또 짜오따이쑤어는 외국인이 숙박하는 것이 법적으로 허용되지 않는다.

▲5성급 호텔 - 일반적으로 5성급 호텔의 시설이 가장 좋다.

호텔 등급 별(星)로 표시한다. 5성급 호텔의 시설이 가장 좋다. 하지만 지방 도시에서는 5성급이라도 그 시설이 베이징이나 상하이 등 발달된 도시의 3성급에도 못 미치는 경우가 있다.

▲3성급 호텔

방 종류 일반실(标准房), 특실(豪华房), 싱글룸(单人间), 트윈룸(双人间), 도미토리(多人房) 등.

가격 지방의 호텔이나 대도시의 중급 호텔은 200~1000위안 정도(2인 1실) 기준이고, 대도시 4, 5성급 호텔은 1500~3000위안 정도이다.

■ 도미토리(多人房)

배낭 여행객들이 즐겨 이용하는 도미토리는 하나의 객실 안에 침대가 4개에서 10개까지 놓여 있다. 욕실이 딸린 4인실도 있고, 욕실과 화장실을 공동으로 사용하는 것도 있다. 가격이 저렴한 대신 물품을 도난 당할 위험이 있으니 귀중품은 호텔 보관함에 맡기는 것이 좋다.

▲ 침대가 4개에서 10개까지 있는 도미토리 객실

가격 50위안~100위안 정도.

■ 호텔 잡는 법

안전한 숙박장소를 구하려면 여행지에서 지도를 사면 그 지역의 교통노선과 유명한 관광지, 호텔이 소개되어 있으니 지도에 나와 있는 호텔을 이용하는 것이 안전하다.

대학의 외국인 기숙사 대학의 외국인 전용 기숙사는 여행객들에게도 개방되어 있으며, 가격은 시설에 따라 하루 40위안~80위안이다. 각 기숙사별로 방에 욕실이 포함된 곳도 있고, 욕실과 화장실이 공용인 곳도 있다.

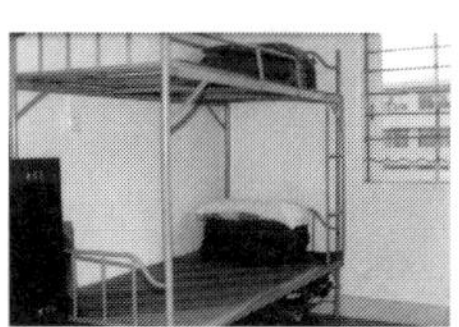

▲ 대학의 외국인 기숙사는 1인실과 2인실이 있으며, 가격에 따라 시설이 천차만별이다.

tips

야진이란? 숙박시설을 이용할 때 숙박비 외에 내는 별도의 보증금을 말한다. 일반적으로 200~300위안 정도 더 지불하며, 영수증을 열쇠와 함께 잘 보관하고 있다가 체크아웃 시 야진을 돌려받아야 한다.

▪ 할인 받기

방이 없을 땐! 중국의 호텔에서는 방이 있으면서도 없다고 하는 경우가 종종 있다. 이럴 때 포기하지 않고 끈질기게 요구하면 방을 내주는 경우도 많다. 외국인에게는 비싼 방만 주려고 하니 먼저 가격을 따져 보고 방을 구경한 후 투숙을 결정해야 한다.

할인 받기 인터넷 호텔 예약 사이트나 여행사를 통해 호텔을 예약할 경우 액면가의 30~50% 할인된 가격으로 투숙할 수 있다.

피해야 할 예약일 관광지인 경우 성수기(4월~10월), 그리고 중국의 명절(5월 1일 노동절의 10일 정도, 10월 1일 국경절의 10일 정도, 음력 1월 1일 춘절의 10일 정도)에는 가격흥정이 쉽지 않으니 유의하자.

▪ 민박

베이징과 상하이 등과 같이 한국사람이 많이 거주하고 있는 곳에서는 민박을 이용할 수 있다. 보통 조선족이 많이 운영하고 있는데 한국음식, 인터넷 등이 제공되고 가까운 곳을 여행할 수 있는 교통편까지 도와준다.

가격 1인 1실 50~200위안(지역이나 시설에 따라 다름).

대표적인 민박시설 연락처 베이징-귀락원(010-6735-0009), 서울민박집(010-6477-2168), 상하이-대우민박(021-6420-3593), 선쩐-천사민박(755-8213-5388) 등.

■ 숙박계

① 英文姓 : 영문 성

② 英文名 : 영문 이름

③ 中文姓名 : 중문 성명

④ 性别 : 성별

⑤ 出生日期 : 출생일자

⑥ 国家或地区 : 국가 혹은 지역

⑦ 房号 : 방 번호

⑧ 证件种类 : 신분증 종류

⑨ 证件号码 : 신분증 번호

⑩ 选项填写 : 선택 사항 기입

⑪ 外国人签证种类、停留有效期 : 외국인 비자 종류, 체류 유효기간

⑫ 台湾居民签注有效期 : 대만인 비자 유효기간

⑬ 华侨、香港居民证件有效期 : 화교, 홍콩인 신분증 유효기간

⑭ 入境口岸 : 입국항

⑮ 入境日期 : 입국일자

⑯ 抵店日期 : 체크인 일자

⑰ 离店日期 : 체크아웃 일자

⑱ 接待单位 : 접대기관

⑲ 宾馆名称 : 호텔명

⑳ 退房时间为中午十二时正, 金钱珠宝及其他贵重物品必须放置在饭店的保险箱内, 饭店将对任何遗失不负责任。
: 체크아웃 시간은 12시 정각이며, 금품이나 귀중품은 반드시 호텔의 귀중품보관함에 넣어 두십시오. 분실한 물건에 대해서는 호텔에서 책임지지 않습니다.

CENTRAL HOTEL SHANGHAI

境外人员临时住宿登记表
REGISTRATION FORM OF TEMPORARY RESIDENCE

Please fill in block letters　　B/NO.________

① 英文姓 Surname　② 英文名 Given name
③ 中文姓名 Name in Chinese　④ 性别 Sex　⑤ 出生日期 Date of birth　年 月 日 Y M D
⑥ 国家或地区 Country or region　⑦ 房号 Room No.
⑧ 证件种类 Type of travel document　⑨ 证件号码 No. of travel document
⑩ 选项填写 Choice & Fill
⑪ 外国人签证种类、停留有效期 Foreigner: type of visa and date of expiry
⑫ 台湾居民签注有效期 People from TW: validity of endorsement
⑬ 华侨、港澳居民证件有效期 Oversea Chinese and people from HK and MO: validity of document
⑭ 入境口岸 Port of entry　⑮ 入境日期 Date of entry
⑯ 抵店日期 Date of arriavl　⑰ 离店日期 Date of departure
⑱ 接待单位 Received by　⑲ 宾馆名称 Hotel　王宝和大酒店 CENTRAL HOTEL SHANGHAI

Mr./Mrs./Ms.　Arr. date
Room　Dep. date

RATE　+15% Service Charge　Deposit

⑳ 退房时间为中午十二时正, 金钱珠宝及其它贵重物品必须放置在饭店的保险箱内. 饭店将对任何遗失不负责任.
Check-out time is 12:00 noon. The hotel is not responsible for the safety of any valuables left in guest Rooms.

FORM OF PAYMENT
□Cash □Diners Club
□A.E □VISA
□M.C □JCB
□长城卡 □支票

Guest Signature　　Office Use

예약하기

방을 예약하고 싶습니다.

싱글룸을 하나 예약하고 싶습니다.

언제쯤 도착하시나요?

오후 5시쯤 도착합니다.

아침식사가 되는 트윈룸 하나 부탁합니다.

1박에 얼마입니까?

얼마 동안 머무실 예정이십니까?

워 야오 띵 이 거 팡지엔
我要订一个房间。

워 야오 띵 이 거 딴런지엔
我要订一个单人间。

니 따까이 지 디엔 따오
你大概几点到?

샤우 우 디엔 쭈어요우
下午五点左右。

워 야오 이 지엔 솽런팡, 빠오쿠어 짜오찬 더
我要一间双人房，包括早餐的。

쭈 이 티엔 뚜어사오 치엔
住一天多少钱?

닌 다쏸 쭈 지 티엔
您打算住几天?

방 잡기

실례합니다. 빈방 있습니까?

예약하셨습니까?

예약하지 않았습니다.

몇 분이십니까?

두 명입니다.

안녕하세요! 방을 예약했거든요.

성함이 어떻게 되십니까?

이태양입니다. 영문으로는 LEE TAE YANG입니다.

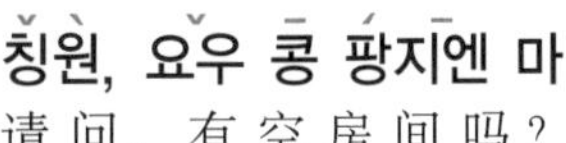

칭원, 요우 콩 팡지엔 마
请问，有空房间吗？

닌 위띵 러 마
您预订了吗？

메이요우 위띵
没有预订。

니먼 지 웨이
你们几位？

량 거 런
两个人。

3	5
싼	우
三	五

니하오! 워 이징 띵 러 팡지엔
你好！我已经订了房间。

닌 꾸이 싱
您贵姓？

워 싱 리, 리타이양, 잉원 스 LEE TAE YANG
我姓李，李太阳，英文是 LEE TAE YANG。

방 종류 선택하기

어떤 방을 원하십니까?

트윈룸이요.

일반실을 원하십니까, 특실을 원하십니까?

일반실이요.

이 호텔에는 도미토리가 있습니까?

방을 한번 봐도 될까요?

그럼요.

침대를 추가하면 얼마를 더 받습니까?

닌 야오 선머 팡지엔
您要什么房间?

워 야오 쐉런지엔
我要双人间。

싱글룸	스위트룸
딴런지엔	타오지엔
单人间	套间

닌 야오 빠오준팡 하이스 하오화팡
您要标准房还是豪华房?

워 야오 빠오준팡
我要标准房。

특실
하오화팡
豪华房

쩌리 요우 뚜어런팡 마
这里有多人房吗?

워 커이 칸칸 팡지엔 마
我可以看看房间吗?

메이 원티
没问题。

쟈 창 스 야오 소우 뚜어사오 치엔
加床时要收多少钱?

가격 흥정하기

하루 묵는 데 얼마입니까?

400위안입니다. 며칠 묵으실 예정입니까?

이틀이요.

방값에 아침식사가 포함됩니까?

너무 비싸요. 좀 싸게 해 주세요.

좋습니다. 20% 할인해 드리겠습니다.

좀더 싼 방은 없나요?

보증금은 얼마입니까?

쭈 이 티엔 뚜어사오 치엔
住一天多少钱?

쓰바이 위엔. 닌 쭈 지 티엔
四百元。您住几天?

워 야오 쭈 량 티엔
我要住两天。

3일
싼 티엔
三天

팡페이 빠오쿠어 짜오찬 마
房费包括早餐吗?

세금
수이진
税金

타이 꾸이 러, 피엔이 디알 바
太贵了, 便宜点儿吧。

커이. 워먼 게이 닌 다 빠 저
可以。我们给您打八折。

요우 메이요우 껑 피엔이 더 팡지엔
有没有更便宜的房间?

야진 뚜어사오 치엔
押金多少钱?

숙박카드 작성하기

이 카드를 작성해 주시겠습니까?

어떤 것을 써야 합니까?

어떻게 쓰는지 가르쳐 주세요.

영문 성명과 국적, 여권번호를 쓰시면 됩니다.

이 부분은 무슨 뜻입니까?

이렇게 쓰면 되나요?

다 썼습니다.

보관함을 이용하려고 합니다.

칭 닌 티엔 이샤 쩌 짱 뱌오거
请您填一下这张表格。

티엔 나 시에 너
填哪些呢?

칭 까오쑤 워 쩐머 시에
请告诉我怎么写。

티엔시에 잉원 싱밍, 구어지 허 후자오 하오마 지우 커이
填写英文姓名, 国籍和护照号码就可以。

쩌 뿌펀 스 선머 이쓰
这部分是什么意思?

쩌양 시에 커이 마
这样写可以吗?

워 시에하오 러
我写好了。

워 샹 용 바오시엔샹
我想用保险箱。

룸서비스 – 모닝콜, 아침식사, 세탁

프런트인가요? 여기는 805호입니다.

모닝콜을 부탁하고 싶습니다.

네, 몇 시에 깨워 드릴까요?

내일 아침 7시에요.

아침식사는 몇 시부터죠? 어디에서 하나요?

어떤 음식이 있나요?

세탁물이 있습니다.

드라이 클리닝을 해야 합니다.

쫑타이 마? 쩌 스 빠 링 우 하오 팡지엔
总台吗？这是 805 号房间。

워 야오 이 거 쟈오싱 띠엔화.
我要一个叫醒电话。

커이, 닌 야오 선머 스호우
可以，您要什么时候？

밍티엔 짜오상 치 디엔
明天早上七点。

짜오찬 지 디엔 카이스? 짜이 선머 띠팡
早餐几点开始？在什么地方？

요우 선머 차이
有什么菜？

요우 이푸 야오 시
有衣服要洗。

야오 깐시
要干洗。

물세탁
수이시
水洗

문의하기 – 호텔 시설, 환전

비즈니스 센터는 어디에 있습니까?

그곳에서는 인터넷을 할 수 있습니까?

테니스를 치고 싶습니다.

국제전화를 걸고 싶습니다.

환전할 수 있습니까?

달러를 인민폐로 바꾸려고 하는데요.

얼마를 바꾸시려구요?

1000달러요.

상우 쭝신 짜이 날
商务中心在哪儿?

볼링장	커피숍	PC방
바오링치우관	카페이팅	왕빠
保龄球馆	咖啡厅	网吧

짜이 날 커이 상 왕 마
在那儿可以上网吗?

팩스를 보내다
파 촨쩐
发传真

워 야오 다 왕치우
我要打网球。

수영	이발	안마를 받다
요우용	리파	쭈오 안모
游泳	理发	做按摩

워 샹 다 거 구어지 띠엔화
我想打个国际电话。

시외전화
창투 띠엔화
长途电话

쩔 커이 환 치엔 마
这儿可以换钱吗?

워 야오 바 메이위엔 환청 런민삐
我要把美元换成人民币。

한화
한삐
韩币

니 환 뚜어사오
你要换多少?

환 이치엔 메이위엔
换一千美元。

열쇠를 방에 두고 왔을 때

이곳 책임자는 어디에 있습니까?

무슨 일이십니까?

룸카드를 방에 두고 나왔습니다.

몇 호실입니까?

303호입니다. 빨리 좀 해결해 주시겠습니까?

걱정하지 마십시오. 바로 열어 드리겠습니다.

예, 감사합니다.

열쇠를 잃어버렸는데 어떻게 하죠?

징리 짜이 날
经理在哪儿?

요우 선머 스
有什么事?

팡지엔카 왕짜이 팡지엔리 러
房间卡忘在房间里了。

열쇠
야오스
钥匙

닌 쭈 지 하오 팡지엔
您住几号房间?

워 스 싼 링 싼 하오. 콰이 디알, 하오 마
我是303号。快点儿，好吗?

부 용 딴신. 워 마상 게이 닌 카이 먼
不用担心。我马上给您开门。

하오 더, 시에시에
好的，谢谢。

워 띠우 러 야오스, 쩐머 빤
我丢了钥匙，怎么办?

객실에 문제가 있을 때

에어컨이 고장났습니다.

방이 너무 춥습니다.

온수가 안 나옵니다.

전등에 불이 안 들어옵니다.

휴지가 떨어졌습니다.

변기가 막혔습니다.

전화가 불통입니다.

침대시트를 갈아 주세요.

콩탸오 요우 마오삥
空调有毛病。

스팀	텔레비전	화장실
놘치	띠엔스	시소우지엔
暖气	电视	洗手间

팡지엔 타이 렁 러
房间太冷了。

어둡다
안
暗

메이요우 러수이
没有热水。

띠엔떵 부 량
电灯不亮。

웨이성즈 메이요우 러
卫生纸没有了。

마통 두쭈 러
马桶堵住了。

뿌 통 띠엔화
不通电话。

칭 환 촹딴
请换床单。

체크아웃

오늘 체크아웃을 하려고 합니다.

신용카드를 사용해도 될까요?

네, 잠깐만 기다려 주세요.

실례합니다, 몇 시에 체크아웃을 합니까?

숙박카드를 가지고 계십니까?

여기 있습니다. 모두 얼마입니까?

하루 더 묵을 수 있을까요?

하루 일찍 체크아웃 하고 싶습니다.

워 샹 진티엔 투이팡
我想今天退房。

워 커이 용 신용카 쯔푸 마
我可以用信用卡支付吗?

여행자수표	현금
뤼싱 쯔퍄오	시엔진
旅行支票	现金

커이, 칭 덩 이샤
可以,请等一下。

칭원, 투이팡 스지엔 스 지 디엔
请问,退房时间是几点?

닌 요우 쭈팡카 마
您有住房卡吗?

짜이 쩔, 이꽁 뚜어사오 치엔
在这儿,一共多少钱?

워 샹 뚜어 쭈 이 티엔, 싱 마
我想多住一天,行吗?

워 야오 티치엔 이 티엔 투이팡
我要提前一天退房。

계산서 확인

이것은 무슨 비용입니까?

이것은 객실에서 드신 음료비입니다.

아, 그렇군요. 그럼 이건요?

시외전화를 사용하셨습니까?

없는데요.

계산이 잘못된 것 같습니다.

호텔 명함 좀 주시겠어요?

시내지도 있습니까?

쩌 스 선머 페이용
这是什么费用?

쩌 스 닌 짜이 팡지엔리 허 더 인랴오페이
这是您在房间里喝的饮料费。

아, 쩌양 아. 나머 쩌 거 너
啊，这样啊。那么这个呢?

닌 다꾸어 창투 띠엔화 마
您打过长途电话吗?

국제전화
구어지 띠엔화
国际电话

메이 다꾸어
没打过。

니먼 하오샹 쏸추오 러
你们好像算错了。

요우 판디엔 더 밍피엔 마
有饭店的名片吗?

요우 스취 띠투 마
有市区地图吗?

숙박 시설

이 근처에 ______ 있습니까?

쩌 얼 푸 진 요우 ______ 마
这儿附近有 ______ 吗？

호텔 판디엔 饭店	호텔 지우디엔 酒店	호텔 삔관 宾馆	호텔 따사 大厦
여관 뤼관 旅馆	여관 뤼서 旅社	초대소 짜오따이쑤어 招待所	기숙사 쑤서 宿舍

체크인

예약 위띵 预订	체크인 떵지 登记	체크아웃 투이팡(지엔) 退房(间)

숙박카드 떵지카 登记卡	할인 다저 打折	보증금 야진 押金	보관함 바오시엔샹 保险箱
국적 구어지 国籍	여권번호 후자오 하오마 护照号码	서명 치엔밍 签名	방번호 팡지엔 하오마 房间号码

취소	증명서	기재하다	숙박부
취샤오	쩡지엔	티엔	커팡딴
取消	证件	填	客房单
비용	선불	2박3일	(짐을) 맡기다
페이용	위푸	싼 티엔 량 예	지춘
费用	预付	三天两夜	寄存

룸서비스

싱글룸	트윈룸	스위트룸
딴런지엔	솽런지엔	타오지엔
单人间	双人间	套间

일반실	도미토리	샤워실	에어컨 설비
빠오준팡	뚜어런팡	시짜오지엔	콩탸오 서뻬이
标准房	多人房	洗澡间	空调设备
조식권	팩스	팩스 서비스	룸서비스
짜오찬취엔	촨쩐	촨쩐 푸우	커팡 푸우
早餐券	传真	传真服务	客房服务
열쇠	룸카드	모닝콜	아침식사
야오스	팡지엔카	쟈오싱 띠엔화	짜오찬
钥匙	房间卡	叫醒电话	早餐

샌드위치 싼밍쯔 三明治	커피 카페이 咖啡	세탁 시 이(푸) 洗衣(服)	드라이 클리닝 깐시 干洗
팁 푸우페이 服务费	세탁 바구니 시이따이 洗衣袋	물세탁 수이시 水洗	다림질 윈 이푸 熨衣服

호텔 시설물

____ 는 어디에 있습니까?

짜이 날
____ 在哪儿？

수영장 요우용츠 游泳池	미용실 메이룽스 美容室	사우나 쌍나 桑拿	나이트클럽 예쫑후이 夜总会
술집, 바 지우빠 酒吧	화장실 시소우지엔 洗手间	비즈니스센터 상우 쭝신 商务中心	볼링장 바오링치우관 保龄球馆
헬스클럽 지엔선팡 健身房	프런트 쫑타이 总台	로비 따팅 大厅	매점 샤오마이뿌 小卖部

커피숍	서비스데스크	옷 맡기는 곳	레스토랑
카페이팅	푸우타이	이마오지엔	찬팅
咖啡厅	服务台	衣帽间	餐厅

객실 트러블

이 망가졌어요.

화이러
坏了。

침대	텔레비전	냉장고	스팀
촹	띠엔스	삥샹	놘치
床	电视	冰箱	暖气
에어컨	전등	변기	수도꼭지
콩타오	띠엔떵	마통	수이롱토우
空调	电灯	马桶	水龙头
리모콘	침대시트	매트리스	욕조
야오콩치	촹딴	촹띠엔	위깡
遥控器	床单	床垫	浴缸
세면대	드라이어	스탠드	소화기
시리엔펀	추이펑지	타이떵	미에후어치
洗脸盆	吹风机	台灯	灭火器

객실

객실	▭ 좀 가져다 주세요. 칭 게이워 쏭 ▭ 하오마 请给我送 ▭ 好吗？		
침대커버 촹짜오 床罩	보온병 러수이핑 热水瓶	모포 마오탄 毛毯	수건 마오진 毛巾
치솔 야솨 牙刷	치약 야까오 牙膏	화장지 웨이셩즈 卫生纸	이불 뻬이즈 被子
비누 샹짜오 香皂	샴푸 시파예 洗发液	린스 후파쑤 护发素	목욕수건 위진 浴巾

3

대중교통 이용하기

■ 택시 (추쭈치처 出租汽车)

택시는 손님이 요구하는 곳은 어디든지 안전하게 데려다 주기 때문에 여행객들에게는 아주 편하다. 또, 영수증에 시간과 거리가 모두 기록되기 때문에 바가지 요금이나 부정 운행은 거의 없으니 안심하고 이용할 수 있다.

요금 기본 요금 5~10위안(도시마다 차이가 남), 1킬로미터당 할증요금 1.2위안, 1.6위안, 2.0위안(차종에 따라 다름).

■ 버스 (꽁꽁치처 公共汽车)

관광지도를 보면 가고자 하는 곳으로 지나는 버스노선이 자세하게 나와 있어 버스노선을 묻지 않아도 된다. 구식 버스를 탔을 경우, 버스표는 버스 안에 있는 매표원에게 산다.

종류 트롤리 버스(땅 위의 레일이 놓인 곳을 따라 운행하는 것이나 지붕 위의 전선줄을 따라서 운행하는 것), 일반버스, 이층버스, 굴절버스 등.

▲ 지붕 위의 전선을 따라 움직이는 트롤리 버스

요금 1~2위안(버스에 따라 다소 차이가 있고, 기본 구간 이상일 때는 더 받는다.)
중국에서는 노선표시를 '路[lù · 루]'로 나타낸다. 예를 들어 '375路'라고 하면 '375번' 버스인 것이다.

■ 지하철 (띠티에 地铁)

중국에서 지하철이 있는 도시는 베이징, 상하이, 톈진, 난징, 광저우, 홍콩뿐이다.(도시별 지하철 노선도는 p.282 참조)

요금 요금은 거리에 따라 2위안~8위안 사이이며, 도시마다 기본요금이 다르게 책정되어 있다. (홍콩은 기본 요금이 HK4$이다.)

기차 (후어처 火车)

기차 종류 **터콰이(特快)**-열차번호 1~98번대의 차이다. 열차 중 가장 빠르며 시설이 가장 좋다. 간이역에는 머무르지 않고 주로 도시간으로만 이동한다. **콰이커(快客)**, **즈콰이(直快)**-한 철도국 내를 운행하는 것을 콰이커(차량번호 200~300번대), 두 철도국 내를 운행하는 것을 즈콰이(차량번호 100~200번대)라 한다. 콰이커는 단거리를 운행하고, 즈콰이는 비교적 장거리를 운행한다. **푸커(普客)**-모든 간이역마다 선다. 요금은 비교적 싸며 차량번호는 401~498번대이다. 장거리 운행을 하지 않기 때문에 침대칸이나 식당칸이 많지 않다. **요우(游)**-주로 여행지와 여행지를 연결하기 위해 운행하는 유람전용열차이다. 이 밖에도 **즈터(直特)**, **즈커(直客)** 등이 있다.

좌석 종류 **롼쭈오(软座)**: 푹신한 의자, **잉쭈오(硬座)**: 딱딱한 의자, **롼워(软卧)**: 푹신한 침대, 4인 1실, **잉워(硬卧)**: 딱딱한 침대, 문이 없는 6인용 객실
요금은 잉쭈오나 잉워가 롼쭈오, 롼워보다 더 싸며 침대칸은 아래쪽이 위쪽보다 비싸다.

▲ 문이 없는 6인용 객실인 잉워

비행기 (페이지 飞机)

영토가 넓기 때문에 국내선 노선망이 매우 발달되어 있다. 여행지간의 거리가 멀다면 비행기를 이용하는 것이 좋다. 항공요금은 롼워값과 비슷하고 3일 전에 예약하면 30%까지 할인을 받을 수도 있다. 전산망이 잘 되어 있지 않기 때문에 중국민항 사무실이나 공항, 여행사 등지에서 예약하면 된다.

tips

중국항공사 전화번호(베이징) 중국북방항공(6656-9714), 중국서북항공(6656-9141), 산동항공(6457-6737), 운남항공(8401-7871), 중국동방항공(6602-4070), 사천항공(6513-4959)

택시 타기

어디까지 가십니까?

위위엔이요.

이 주소로 가 주세요.

얼마나 걸릴까요?

20분 정도 걸립니다.

트렁크를 열어 주세요.

죄송하지만 좀 빨리 가 주세요.

러시아워입니다. 방법이 없군요.

닌 야오 취 날
您要去哪儿?

위위엔
豫园。

티엔탄공원	라오서차관	도서대하
티엔탄 꽁위엔	**라오서 차관**	**투수 따사**
天坛公园	老舍茶馆	图书大厦

워 취 쩌 거 띠즈
我去这个地址。

베이징서역	왕푸징
베이징 시 짠	**왕푸징**
北京西站	王府井

야오 뚜어 창 스지엔
要多长时间?

따까이 야오 얼스 펀쭝
大概要二十分钟。

칭 니 다카이 처샹
请你打开车厢。

마판 닌, 칭 콰이 디알, 하오 마
麻烦您，请快点儿，好吗?

까오펑 스지엔. **메이요우 빤파**
高峰时间。没有办法。

교통체증
두처
堵车

택시 안에서

만리장성까지 얼마입니까?

곧장 가 주세요.

우회전해 주세요.

다시 돌아가 주세요.

다음 신호등에서 세워 주세요.

당신은 어느 나라 사람입니까?

세워 주세요.

내리겠습니다.

따오 완리 창청 야오 뚜어사오 치엔
到万里长城要多少钱?

이즈 쪼우
一直走。

왕 요우 과이
往右拐。

왼쪽
쭈어
左

칭 땨오 토우
请掉头。

칭 짜이 샤 이 거 홍뤼떵 팅
请在下一个红绿灯停。

니 스 나 구어 런
你是哪国人?

팅처 바
停车吧。

워 샤처
我下车。

택시 요금 계산하기

미터기를 사용해 주세요.

여기에서 세워 주세요.

도착했습니다.

얼마입니까?

30위안입니다.

현금입니까, 아니면 카드입니까?

현금입니다. 여기 있습니다.

영수증을 끊어 주세요.

칭 용 지청치
请用计程器。

짜이 쩌리 팅 이샤
在这里停一下。

따오 러
到了。

뚜어사오 치엔
多少钱?

싼스 콰이
30块。

시엔진 하이스 쏴카
现金还是刷卡?

시엔진, 짜이 쩌리
现金，在这里。

교통카드
쟈오통카
交通卡

칭 게이 워 파퍄오
请给我发票。

버스에 오르기

베이징역에 가려면 몇 번 버스를 타야 하나요?

이 버스는 고궁박물관에 갑니까?

갑니다, 타세요.

왕푸징까지 한 장 주세요.

어디에서 타셨습니까?

한 장에 얼마입니까?

1위안입니다.

두 장 주세요.

따오 베이징 짠 잉가이 쭈오 지 루 치처
到北京站应该坐几路汽车？

따오 꾸궁 보우관 마
到故宫博物馆吗？

베이징 동물원	난징루
베이징 똥우위엔	난징 루
北京动物园	南京路

따오, 칭 상처 바
到，请上车吧。

야오 이 짱 따오 왕푸징 더
要一张到王府井的。

짜이 날 상 더
在哪儿上的？

이 짱 뚜어사오 치엔
一张多少钱？

이 콰이
一块。

게이 워 량 짱
给我两张。

버스에서 내릴 때

이 버스는 시내에 갑니까?

안으로 들어가세요.

손잡이를 꼭 잡으세요.

비자센터에 도착하면 알려 주시겠습니까?

도착했어요, 내리세요.

죄송합니다, 좀 비켜 주세요. 내려야 해요.

이런, 역을 지나쳤어요!

몇 번으로 갈아타야 하나요?

만리장성	백두산
창청	창바이산
长城	长白山

쩌 루 처 따오 스 쭝신 마
这路车到市中心吗？

칭 왕 리 쪼우
请往里走。

칭 푸하오
请扶好。

따오 치엔쩡 쭝신 스, 칭 쟈오 워 이 성 하오 마
到签证中心时，请叫我一声好吗？

따오 러, 샤처 바
到了，下车吧。

뿌하오이쓰, 칭 랑 이샤, 워 야오 샤처
不好意思，请让一下，我要下车。

짜오까오, 워 쭈오꾸어 짠 러
糟糕，我坐过站了！

좐청 지 루
转乘几路？

지하철 이용하기 1

시딴 지하철역이 어디에 있습니까?

매표소가 어딥니까?

톈안먼동역까지 가는 표 두 장 주세요.

런민광장에 가려면 몇 호선을 타면 됩니까?

2위안짜리 두 장 주세요!

다음 역은 어디입니까?

중산공원에 가려면 몇 정거장을 더 가야 합니까?

난징루 쪽으로 가는 출구는 어느 방향입니까?

시딴 띠티에짠 짜이 날
西单地铁站在哪儿?

소우퍄오추 짜이 날
售票处在哪儿?

따오 티엔안먼똥 마이 량 짱
到天安门东买两张!

따오 런민 광창, 야오 쭈오 지 하오 시엔
到人民广场, 要坐几号线?

게이 워 량 짱 량 콰이 더
给我两张两块的!

샤 짠 스 날
下站是哪儿?

따오 쭝산 꽁위엔 하이 요우 지 짠
到中山公园还有几站?

(카오) 난징 루 추코우 짜이 날
(靠)南京路出口在哪儿?

지하철 이용하기 2

왕푸징에 가려면 어디에서 갈아타야 합니까?

푸싱먼에서 갈아타면 됩니다.

런민광장에 가려면 몇 번 출구로 나가야 합니까?

2번 출구로 나가면 됩니다.

이허위엔에 가려면 시즈먼에서 내려서 몇 번 버스를 타야 합니까?

331번을 타면 됩니다.

좀 비켜 주세요.

여기에 앉으세요!

야오 취 왕푸징, 짜이 날 환 처

要去王府井，在哪儿换车？

짜이 푸싱먼 환 처

在复兴门换车。

런민 광창 팡샹 더 추코우 스 지 하오

人民广场方向的出口是几号？

얼 하오 추코우

二号出口。

야오 취 이허위엔, 짜이 시즈먼 잉가이 쭈오 지 루 처

要去颐和园，在西直门应该坐几路车？

쭈오 싼 싼 야오 지우 싱

坐三三一就行。

칭 랑 이 랑

请让一让。

칭 짜이 쩔 쭈오

请在这儿坐！

지하철 안내방송

손님 여러분, 안녕하세요? 상하이 지하철을 이용해 주셔서 감사합니다.

다음 역은 왕푸징, 왕푸징으로 가시는 승객 여러분께서는 내려 주십시오.

이 열차의 종착역은 상하이 기차역입니다. 노약자, 환자, 장애인, 임산부, 아이를 안고 있는 손님을 위해 자리를 양보하여 주시기 바랍니다.

다음 역은 런민광장역입니다. 2호선으로 갈아타실 손님께서는 준비해 주시기 바랍니다.

런민광장역에 도착했습니다. 내리실 손님은 소지품을 잊지 마시기 바랍니다.

시딴역에 곧 도착합니다. 내리실 분은 준비해 주십시오.

청커 닌 하오! 환잉 청쭈오 상하이 띠티에
乘客您好！欢迎乘坐上海地铁。

샤 이 짠 스 왕푸징, 취 왕 왕푸징 더 청커, 칭 샤처
下一站是王府井，去往王府井的乘客，请下车。

번 츠 리에처 쫑디엔짠 스 상하이 후어처짠, 칭 웨이 라오, 루어, 삥, 찬, 윈 지 화이빠오 하이즈 더 청커 랑쭈오
本次列车终点站是上海火车站，请为老、弱、病、残、孕及怀抱孩子的乘客让座。

샤 이 짠 스 런민 광창짠, 환청 얼 하오 시엔 더 청커, 칭 준뻬이
下一站是人民广场站，换乘二号线的乘客，请准备。

런민 광창짠 따오 러, 샤처 더 청커, 칭 따이하오 쑤이선 우핀
人民广场站到了，下车的乘客，请带好随身物品。

시딴 처짠 지우 야오 따오 러, 샤처 더 청커, 칭 닌 쭈오하오 준뻬이
西单车站就要到了，下车的乘客，请您做好准备。

기차표 사기

오늘 저녁 6시 상하이행 기차표 있습니까?

다 팔렸습니다. 저녁 8시 기차표는 있습니다.

세 장 주세요.

침대표 있습니까?

딱딱한 침대표 한 장 주세요.

하단 침대로 주세요.

시안행 기차요금은 얼마입니까?

침대표로 바꾸고 싶은데 자리 있습니까?

요우 진티엔 완상 리우 디엔 쭝 취 상하이 더 후어처퍄오 마
有今天晚上6点钟去上海的火车票吗？

마이완 러. 딴스, 요우 완상 빠 디엔 더
卖完了。但是，有晚上8点的。

게이 워 싼 짱 퍄오
给我三张票。

요우 워푸퍄오 마
有卧铺票吗？

푹신한 침대	딱딱한 침대
롼워 软卧	잉워 硬卧

이 짱 잉워퍄오
一张硬卧票。

딱딱한 좌석	푹신한 좌석
잉쭈오 硬座	롼쭈오 软座

야오 샤푸
要下铺。

상단 침대	중단 침대
상푸 上铺	쭝푸 中铺

취 시안 더 후어처퍄오 뚜어사오 치엔
去西安的火车票多少钱？

워 샹 환 워푸퍄오, 요우 쭈오웨이 마
我想换卧铺票，有座位吗？

기차 타기

청뚜행 기차는 어디에서 개찰합니까?

9번 개찰구입니다. 개찰이 시작되었으니 역 안으로 들어가세요.

몇 번 플랫폼에서 타나요?

3번 플랫폼입니다.

화장실이 어디죠?

자리 좀 바꿀 수 있을까요?

식당차는 몇 호입니까?

표를 잃어버렸습니다.

취 청뚜 더 리에처 짜이 날 지엔퍄오
去成都的列车在哪儿检票?

지우 하오 지엔퍄오코우. 이징 카이스 지엔퍄오 러, 진 짠 바
9号检票口。已经开始检票了, 进站吧。

총 지 하오 짠타이 상처
从几号站台上车?

싼 하오 짠타이
3号站台。

시소우지엔 짜이 날
洗手间在哪儿?

커 뿌 커이 환 웨이즈
可不可以换位子?

지 하오 처샹 스 찬처
几号车厢是餐车?

워 더 처퍄오 띠우 러
我的车票丢了。

기차 안에서

다음 역은 어디에요?

난징역입니다.

얼마나 정차하나요?

난징에서 상하이까지 얼마나 걸립니까?

베이징에는 몇 시에 도착합니까?

지금 방송에서 뭐라고 하는 거죠?

상하이역에 도착했나요?

도착했습니다. 내릴 준비하십시오.

샤 이 짠 스 날
下 一 站 是 哪 儿?

난징 짠
南 京 站。

팅 뚜어 지우
停 多 久?

총 난징 따오 상하이 쉬야오 뚜어 창 스지엔
从 南 京 到 上 海 需 要 多 长 时 间?

선머 스호우 따오다 베이징
什 么 时 候 到 达 北 京?

시엔짜이 광뽀 수어 선머
现 在 广 播 说 什 么?

상하이 짠 따오 러 메이요우
上 海 站 到 了 没 有?

따오 러, 칭 준뻬이 샤처
到 了, 请 准 备 下 车。

택시	러시아워 까오펑 스지엔 高峰时间	교통체증 두처 堵车	현금 시엔진 现金
카드결제 솨카 刷卡	영수증을 끊다 파퍄오 发票	택시를 잡다 다띠 打的	기본요금 치쟈 起价
여자 운전사 띠지에 的姐	남자 운전사 띠꺼 的哥	운전사 쓰지 司机	흡연금지 칭 우 시엔 请勿吸烟
택시 추쭈처 出租车	빈차 콩처 空车	미터기 지청치 计程器	차멀미 윈처 晕车

버스 · 지하철	환승하다 좐청 转乘	지하철역 띠티에짠 地铁站	자동매표기 쯔똥 소우퍄오지 自动售票机
검표하다 차퍄오 查票	차장이 없는 차 우런소우 无人售	노약자 · 환자 · 장애인 · 임산부 전용석 라오 루어 삥 찬 윈 좐쭈오 老弱病残孕专座	

요금함 토우삐지 投币机	미니버스 샤오꽁 小公	차표 처퍄오 车票	매표원 소우퍄오위엔 售票员
정류장 표지판 짠파이 站牌	노선 루시엔 路线	지하철 노선도 띠티에 루시엔투 地铁路线图	손잡이 땨오환 吊环
첫차 토우빤처 头班车	막차 모빤처 末班车	갈아타다 환 처 换车	냉방버스 콩탸오처 空调车

기차

기차역 후어처짠 火车站	플랫폼 짠타이 站台	매표소 소우퍄오추 售票处

열차표 후어처퍄오 火车票	예매 위꼬우 预购	열차승무원 리에처 청우위엔 列车乘务员	편도표 딴청퍄오 单程票
왕복표 왕판퍄오 往返票	반환창구 투이퍄오코우 退票口	대합실 호우처스 候车室	개찰구 지엔퍄오코우 检票口

<table>
<tr><td>특급열차
터콰이
特快</td><td>직행열차
즈콰이
直快</td><td>급행열차
푸콰이
普快</td><td>완행열차
만처
慢车</td></tr>
<tr><td>식당차
찬처
餐车</td><td>침대차
워푸처샹
卧铺车厢</td><td>푹신한 침대
롼워
软卧</td><td>딱딱한 침대
잉워
硬卧</td></tr>
<tr><td>푹신한 의자
롼쭈오
软座</td><td>딱딱한 의자
잉쭈오
硬座</td><td>상단 침대
상푸
上铺</td><td>중단 침대
쭝푸
中铺</td></tr>
<tr><td>하단 침대
샤푸
下铺</td><td>출발역
스파짠
始发站</td><td>종착역
쭝디엔짠
终点站</td><td>환승역
쭝좐짠
中转站</td></tr>
<tr><td>수하물 보관소
싱리 지춘추
行李寄存处</td><td>요금표
퍄오쟈뱌오
票价表</td><td>입장권
짠타이퍄오
站台票</td><td>환표증
환퍄오쩡
换票证</td></tr>
<tr><td>열차시각표
스커뱌오
时刻表</td><td>화장실
처쑤어
厕所</td><td>사용 중
요우 런
有人</td><td>비었음
우 런
无人</td></tr>
<tr><td>선반
싱리쟈
行李架</td><td>옷걸이
이마오꼬우
衣帽钩</td><td>급수기
띠엔차루
电茶炉</td><td>흡연실
시옌추
吸烟处</td></tr>
</table>

4 중국음식 즐기기

중국음식은 음식 재료에서 조리방법까지 그 종류가 상상을 초월한다. 하늘을 나는 것 중에서 비행기를 빼고 다 먹고, 바다에 다니는 것 중에서는 배를 빼고 다 먹고 육지를 다니는 네 다리를 가진 것 중에서 책상 빼고는 다 먹는다는 소리가 나올 정도니 중국에 음식종류가 얼마나 많은지를 짐작할 수 있다. 이런 중국음식의 다양성은 '南甜, 北咸, 东辣, 西酸(nán tián, běi xián, dōng là, xī suān 난티엔, 베이시엔, 뚱라, 시쏸)'으로 요약할 수 있다. 즉, '남쪽인 광둥의 요리는 달고, 북쪽의 산둥이나 베이징의 요리는 짜며, 동쪽인 쓰촨의 요리는 맵고, 서쪽인 산시의 요리는 시다'라는 뜻이다. 중국요리는 각 지방마다 특색 있는 음식 계보를 가지고 있으며 그중 베이징요리, 광둥요리, 상하이요리, 쓰촨요리가 중국의 4대 요리로 일컬어지고 있다.

■ 베이징요리(징차이 京菜)

특징 베이징을 중심으로 남쪽으로 산둥성(山东省), 서쪽으로 타이위엔(太原)까지의 요리를 포함한다. 베이징은 오랫동안 중국의 수도로서 정치, 경제, 문화의 중심지여서 궁중요리를 비롯해 고급 요리 문화를 이룩한 곳이다. 베이징은 한랭한 북방에 위치하여 높은 칼로리가 요구되기 때문에 육류 중심의 튀김요리와 볶음요리가 많은 것이 특징이다.

▲ 우리의 물만두와 같은 북방 가정의 주식 수이자오(水饺)

베이징요리의 주 조리법으로는 튀기기, 굽기, 샤브샤브, 볶기, 데치기, 찌기 등이 있다. 바삭바삭하고, 부드러우며, 신선한 맛이 베이징요리의 특징이다.

대표 요리 대표적인 요리로는 오리구이요리인 '베이징 카오야(北京烤鸭)', 양고기 샤브샤브인 '솬양로우(涮羊肉)', 우리의 물만두와 같은 '수이쟈오(水饺)' 등이 있다.

■ 광둥요리(광둥차이 广东菜)

특징 중국남부요리를 대표하는 광둥요리는 광저우요리를 중심으로 차오저우(潮州)요리, 둥쟝(东江)요리 등의 지방요리를 말한다. 광둥요리는 자연의 맛을 잘 살려내는 담백하고 신선한 맛이 특징이다.

▲ 광둥요리의 특징인 '칭정(清蒸)'으로 조리한 칭정꾸이위(清蒸桂鱼)

광둥요리는 광둥지역의 지역적 특징으로 인해 해물요리가 많이 발달하였다. 또한 일찍이 외국과의 교류가 빈번하여 스페인, 포르투갈 등의 선교사와 상인들의 왕래 또한 잦아 중국 전통 요리와 국제적 요리관이 정착되어 독특한 요리 특성을 이루고 있기도 하다.

대표 요리 대표적인 요리로는 새끼 통돼지구이인 '카오루주(烤乳猪)', 우리나라의 쏘가리찜과 비슷한 '칭정꾸이위(清蒸桂鱼)' 등이 있다.

■ 쓰촨요리(촨차이 川菜)

특징 백 가지 요리에 백 가지 맛이 감돈다는 쓰촨요리는 중국의 서방, 양쯔강 상류의 산악지대에서부터 윈난(云南), 꾸이저우(贵州)까지의 요리를 총칭한다. 쓰촨은 바다와 거리가 멀고 더위와 추위가 심한 지방이어서 예로부터 향신료를 많이 쓴 요리가 발달하였다.

▲ 세계적인 쓰촨요리 마포또우푸(麻婆豆腐)

쓰촨요리는 볶음, 부침, 굽기, 훈제, 찜, 튀김 등 50여 가지가 넘는 조리법이 있다. 또 그 맛은 중국 남북의 풍미를 골고루 갖추고 있어, 중국요리 중 맛은 쓰촨이 제일 간다는 이야기가 나돌 정도이다.

■ 상하이요리(상하이차이 上海菜)

특징 상하이, 난징(南京), 쑤저우(苏州), 양저우(扬州) 등지의 요리를 총칭한다. 양쯔강 하류라는 위치적 조건 때문에 해산물을 이용한 요리가 많이 발달하였고, 지방 특산인 간장과 설탕을 써서 달콤하고 기름지게 만드는 것이 특징이다.

▲ 돼지고기 간장양념요리 홍사오로우(红烧肉)

■ 중국식당 이용 상식

요리는 무게로 주문 중국의 무게 단위는 근(斤)과 량(两)인데, 1근이 500g이고, 1량이 50g이다. 식당에서 밥이나 만두, 찐빵, 생선과 게요리 등을 주문할 때는 무게로 주문한다. 메뉴에 1근에 ㅇㅇ元이라고 쓰여 있으니 주문할 때 주의하자.

샹차이(香菜) '샹차이-중국음식에 많이 들어가는 특이한 향이 나는 채소'를 먹지 않는다면 종업원에게 반드시 "부야오 팡 샹차이(不要放香菜!-샹차이를 넣지 마세요!)"라고 말한다.

물이 유료? 중국 음식점에서 물과 차는 공짜가 아닌 곳도 있으니 물을 주문할 때는 종업원에게 얼마인지 물어 보자.

밥 따로, 요리 따로 중국 음식점에서 음식을 주문할 때는 우리나라의 밥, 반찬이 아니라 요리 개념으로 생각해야 한다. 요리는 커다란 접시에 나오며 밥과 탕을 주문하면 요리가 나온 뒤 맨 마지막에 나온다.

계산 계산은 앉은 자리에서 할 수 있으니 식사를 마친 후 계산을 하고 싶으면 "푸우위엔, 칭 지에짱!(服务员, 请结账!-여기, 계산해 주세요!)"이라고 말하면 된다.

술자리 예절

중국 사람들과 술을 마신다면 우리나라와는 다른 중국의 술문화를 알 필요가 있다.

깐뻬이(干杯 · 술잔을 다 비우다) 중국 사람들은 손님들을 취하게 하는 것이 접대를 잘 한 것이라고 여기기 때문에 술자리에서 "깐뻬이"라고 외친다. 상대방이 "깐뻬이"라고 했을 때는 술잔을 다 비우는 것이 예의이다.

쑤이이(随意 · 뜻에 따라 마시다) 상대방이 술을 잘 못하거나 할 때 중국 사람들은 "쑤이이, 쑤이이"라고 말한다. 이는 다 마실 필요가 없으니 천천히 마시라는 뜻이다.

주의할 점

첫째, 상대방의 눈을 보고 마시되, 나이가 많은 사람 앞이라 하여 몸을 틀지 않는다.

둘째, 술은 혼자서 마시지 않는다. 조금을 마셔도 항상 상대방에게 권한다.

셋째, 술잔을 두 손으로 들고 상대방에게 보여 준다.

넷째, 상대의 잔에 술이 모자라게 담겨져 있는 것은 예의가 아니다. 첨잔을 할 수 있으니, 상대방의 술잔에 술이 모자라게 담겨 있지 않도록 해야 한다.

식당 입구에서

맛있는 집을 좀 소개해 주세요.

어서 오세요. 몇 분이시죠?

4명입니다.

예약을 하셨나요?

룸을 예약했습니다.

자리가 있습니까?

얼마나 기다려야 합니까?

창가 자리 있습니까?

지에사오 이샤 하오츠 더 찬팅
介绍一下好吃的餐厅。

환잉 꽝린, 지 웨이
欢迎光临，几位？

쓰 거 런
四个人。

니먼 요우 메이요우 띵 웨이즈
你们有没有订位子？

이징 띵 러 빠오팡
已经订了包房。

요우 메이요우 웨이즈
有没有位子？

야오 덩 뚜어 지우
要等多久？

요우 카오촹 더 쭈오웨이 마
有靠窗的座位吗？

금연석	흡연석
진옌취	**시옌취**
禁烟区	吸烟区

요리 주문하기 1

메뉴판 주세요.

주문하시겠습니까?

먼저 좀 살펴보고, 잠시 후에 주문하겠습니다.

아가씨, 주문 받으세요.

좀 추천해 주시겠습니까?

매운 것을 좋아합니다.

이곳에서 인기 있는 요리가 뭐죠?

샹차이는 넣지 말아 주세요.

칭 게이 워 차이딴
请给我菜单。

닌 야오 디엔 차이 마
您要点菜吗？

시엔 칸 이 칸, 덩 이후알 디엔 차이
先看一看，等一会儿点菜。

샤오지에, 워 야오 디엔 차이
小姐，我要点菜。

종업원
푸우위엔
服务员

니 커이 투이지엔 이시에 마
你可以推荐一些吗？

워 시환 츠 라 더
我喜欢吃辣的。

단	기름진	신	짠
티엔	**니**	**쏸**	**시엔**
甜	腻	酸	咸

쩌 디엔 소우 환잉 더 차이 스 선머
这店受欢迎的菜是什么？

부야오 팡 샹차이
不要放香菜。

요리 주문하기 2

이 요리는 금방 되나요?

이걸로 주세요!

세 명이 먹기에 충분한가요?

우선 이것만 주세요.

왜 요리가 아직 안 나오죠?

저쪽 테이블에서 먹는 것은 무슨 음식입니까?

둘 중에 어느 것이 더 맛있습니까?

이것은 육류입니까, 채소류입니까?

쩌 차이 넝 마상 쭈오하오 마
这菜能马上做好吗?

야오 쩌 거
要这个!

싼 거 런 넝 츠 마
三个人能吃吗?

시엔 쩌양 바
先这样吧。

쩐머 차이 하이 메이 라이 야
怎么菜还没来呀?

나 비엔 타먼 츠 더 차이 쟈오 선머
那边他们吃的菜叫什么?

량 거 땅쫑 네이 거 껑 하오츠
两个当中哪个更好吃?

쩌 스 훈차이 하이스 쑤차이
这是荤菜还是素菜?

음료 · 술 주문하기

음료를 주문하시겠습니까?

콜라 한 병 주세요.

어떤 종류의 술이 있습니까?

중국에는 어떤 좋은 명주가 있습니까?

먼저 콩푸쟈주 한 병 주세요.

옌징맥주 한 병 더 주세요.

차가운 것으로 주세요.

얼음 채워서 주세요.

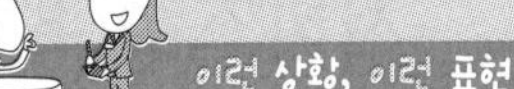

야오 뿌 야오 인랴오
要不要饮料?

게이 워 이 핑 커러
给我一瓶可乐。

백주	사이다
바이지우	치수이
白酒	汽水

요우 선머 지우
有什么酒?

짜이 쭝구어 요우 선머 하오허 더 밍지우
在中国有什么好喝的名酒?

시엔 나 이 핑 콩푸쟈지우 바
先拿一瓶孔府家酒吧。

징주	코로나
징지우	커루어나
京酒	科罗那

칭 짜이 라이 이 핑 옌징 피지우
请再来一瓶燕京啤酒。

워 야오 삥 더
我要冰的。

뜨거운
러
热

야오 삥쩐 더
要冰镇的。

서비스 이용하기

아가씨, 빨리 요리를 가져다 주세요.

밥을 먼저 갖다 주세요.

여기에 뜨거운 물을 좀더 부어 주세요.

이것은 제가 주문한 요리가 아닌데요.

이 접시들 좀 바꿔 주세요.

젓가락 좀 가져다 주세요.

이 요리가 이미 식었는데, 다시 데워 주시겠어요?

포장해 주세요.

샤오지에, 칭 콰이 디알 상차이 바
小姐，请快点儿上菜吧。

시엔 상 미판 하오 마
先上米饭好吗？

쩌리 쟈 디알 카이수이 하오 마
这里加点儿开水好吗？

쩌 부 스 워 디엔 더 차이
这不是我点的菜。

쩌 시에 디에즈 환 이샤
这些碟子换一下。

게이 워 콰이즈
给我筷子。

냅킨	재떨이	빨대	물수건
찬진즈	**옌후이깡**	**시관**	**스진**
餐巾纸	烟灰缸	吸管	湿巾

쩌 차이 이징 량 러, 짜이 러 이샤 하오 마
这菜已经凉了，再热一下好吗？

칭 다빠오
请打包。

계산하기

모두 얼마입니까?

계산서 부탁합니다.

계산이 잘못된 것 같은데요. 이것은 무슨 요금입니까?

서비스 요금입니다.

신용카드도 받습니까?

죄송합니다. 저희는 현금만 받습니다.

거스름돈은 필요 없습니다.

영수증 좀 주세요.

이꽁 뚜어사오 치엔
一共多少钱？

칭 지에짱
请结账。

니먼 하오샹 쏸추오 러, 쩌 스 선머 치엔
你们好像算错了，这是什么钱？

쩌 스 푸우페이
这是服务费。

쩌리 커이 솨카 마
这里可以刷卡吗？

뚜이부치, 워먼 즈 소우 시엔진
对不起，我们只收现金。

부용 자오 러
不用找了。

칭 카이 소우쥐
请开收据。

패스트 푸드점 1 - 주문

이 근처에 맥도날드 있습니까?

어서 오세요. 무엇을 드시겠습니까?

3번 세트 하나 주세요.

이것과 이것으로 주세요.

더 필요한 것 없으십니까?

없습니다.

여기에서 드십니까, 가지고 가십니까?

여기에서 먹겠습니다. / 포장이요!

쩌 푸진 요우 메이요우 마이땅라오
这附近有没有麦当劳?

KFC
컨더지
肯德基

환잉 꽝린, 닌 야오 선머
欢迎光临, 您要什么?

워 야오 이 거 싼 하오 타오찬
我要一个3号套餐。

워 야오 쩌 거 허 쩌 거
我要这个和这个。

하이 야오 선머
还要什么?

부 야오 러
不要了。

짜이 쩌리 츠, 하이스 따이쪼우
在这里吃, 还是带走?

짜이 쩌리 츠 / 다빠오
在这里吃。/ 打包!

패스트 푸드점 2 – 서비스 이용

치즈햄버거랑 콜라 한 잔 주세요.

햄버거는 반으로 잘라 주세요.

작은 잔으로 드릴까요?

큰 잔으로 주세요.

냅킨 좀 주세요.

콜라 좀 리필해 주세요.

토마토케첩 하나 더 주세요.

예, 잠깐만 기다리세요.

워 야오 이 거 지스 한바오, 이 뻬이 커러
我要一个吉士汉堡，一杯可乐。

칭 바 한바오 치에청 량 빤
请把汉堡切成两半。

니 야오 샤오 뻬이 마
你要小杯吗？

워 야오 따 더
我要大的。

작은
샤오
小

칭 게이 워 찬진즈
请给我餐巾纸。

빨대
시관
吸管

커러, 쉬뻬이 하오 마?
可乐，续杯好吗？

짜이 라이 이 거 판치에쟝
再来一个番茄酱。

하오, 칭 사오 덩
好，请稍等。

커피숍

무슨 차를 드시겠습니까?

롱징차로 주세요.

좋은 차 좀 추천해 주세요.

물을 좀더 부어 주세요.

카페라떼 한 잔 주세요.

뜨거운 것으로 주세요.

커피 좀 리필해 주세요.

야오 허 선머 차
要喝什么茶？

칭 게이 워 이 후(뻬이) 롱징차
请给我一壶（杯）龙井茶。

티에꽌인	우롱차	국화차	팔보차	보이차
티에꽌인	**우롱차**	**쥐화차**	**빠바오차**	**푸얼차**
铁观音	乌龙茶	菊花茶	八宝茶	普洱茶

니먼 요우 선머 하오 차
你们有什么好茶？

칭 쟈 디알 카이수이
请加点儿开水。

이 뻬이 나티에
一杯拿铁。

카페모카	카푸치노
모카	**카뿌치누어**
摩卡	卡布其诺

야오 러 더
要热的。

차가운
삥
冰

짜이 라이 디알 카페이
再来点儿咖啡！

주문

주세요.

워야오
我要 。

맥주 피지우 啤酒	백주 바이지우 白酒	황주 황지우 黄酒	애플파이 핑구어파이 苹果派
오렌지주스 청쯔 橙汁	홍차 홍차 红茶	핫초코 러쭈구리 热朱古力	햄버거 한바오빠오 汉堡包
쉐이크 나이시 奶昔	코카콜라 커코우 커러 可口可乐	펩시콜라 바이스 커러 百事可乐	세븐업 치시 七喜
스프라이트 쉬에삐 雪碧	환타 펀다 芬达	생맥주 성피 生啤	생맥주 짜피 扎啤
감자튀김 수탸오 薯条	아이스크림 빙치린 冰淇淋	튀김닭 짜지 炸鸡	피자 비싸 比萨
스파게티 이따리미엔 意大利面	피클 쏸 황과 酸黄瓜	핫소스 라쟈오쟝 辣椒酱	카페라떼 나티에 拿铁

카푸치노	카페모카	아메리칸커피	에스프레소
카뿌치누어	모카	메이스 카페이	농쑤오 카페이
卡布其诺	摩卡	美式咖啡	浓缩咖啡

맛

저는 ____ 것을 좋아합니다.

워 시환 ____ 더
我 喜 欢 ____ 的。

기름지다	달다	시다	맵다
요우니	티엔	쏸	라
油腻	甜	酸	辣
짜다	쓰다	새콤달콤하다	시고 맵다
시엔	쿠	쏸티엔	쏸라
咸	苦	酸甜	酸辣
떫다	딱딱하다	부드럽다	사각사각하다
써	잉	롼	추이
涩	硬	软	脆

서비스

(　　) 좀 갖다 주세요.

칭 게이 워
请给我 (　　)。

냅킨 찬진즈 餐巾纸	젓가락 콰이즈 筷子	숟가락 탕츠 汤匙	포크 차즈 叉子
스푼 사오즈 勺子	물수건 스마오진 湿毛巾	빨대 시관 吸管	작은 접시 디에즈 碟子
큰 접시 판즈 盘子	잔 뻬이즈 杯子	뜨거운 물 러수이 热水	찬 물 렁수이 冷水
세트메뉴 타오찬 套餐	메뉴판 차이딴 菜单	고기요리 훈차이 荤菜	야채요리 쑤차이 素菜

기타

아가씨 샤오지에 小姐	종업원 푸우위엔 服务员	창가자리 카오촹 쭈오웨이 靠窗座位

추천하다 투이지엔 推荐	재떨이 옌후이깡 烟灰缸	서비스비 푸우페이 服务费	먹다 츠 吃
마시다 허 喝	배고프다 으어 饿	갈증나다 커 渴	더치페이 꺼 푸 꺼 더 各付各的
주문하다 디엔 차이 点菜	대표요리 나소우차이 拿手菜	메뉴판 차이푸 菜谱	요리사 추스 厨师
남긴 음식 성차이 剩菜	포장 다빠오 打包	음료 인랴오 饮料	이쑤시개 야치엔 牙签
각설탕 팡탕 方糖	식당 찬팅 餐厅	패스트푸드 콰이찬 快餐	술집 지우빠 酒吧
KFC 컨더지 肯德基	피자헛 삐성커 必胜客	롯데리아 러티엔리 乐天利	파파이스 파이파이쓰 派派思
스타벅스 싱빠커 星巴克	배스킨라빈스 싼스이 종 메이구어 펑웨이 삥치린 31种美国风味冰淇淋		던킨도너츠 땅컨 当肯

한국인이 좋아하는 중국요리	____ 좀 갖다 주세요. 라이 이 거 来一个 ____、____、____。		
돼지고기채볶음 위샹로우쓰 鱼香肉丝	삼겹살볶음 후이구어로우 回锅肉	동그랑땡탕수육 구라오로우 古老肉	쇠고기철판구이 티에반니우로우 铁板牛肉
닭고기땅콩볶음 꿍빠오지띵 宫爆鸡丁	튀김닭(매운맛) 라즈지 辣子鸡	쏘가리찜 칭정꾸이위 清蒸桂鱼	새우튀김 쟈오옌차오샤 椒盐草虾
토마토계란탕 판치에딴탕 番茄蛋汤	옥수수탕 위미껑 玉米羹	물만두 수이쟈오 水饺	춘권 춘쥐엔 春卷

중국인들의 간단한 아침식사	밀가루튀김 요우탸오 油条	흰죽 시판 稀饭	빵 미엔빠오 面包
찐빵(소 없는 찐빵) 만토우 馒头	찐빵(소 있는 찐빵) 빠오즈 包子	꽃빵 화쥐알 花卷儿	만두탕 훈툰 馄饨

5

쇼핑 즐기기

■ 백화점

중국어로 백화점은 '바이후어 상디엔(百货商店)'이라고 부른다. 백화점은 모두 정찰제이나, 곳에 따라서는 최대 10% 정도 할인 받을 수 있다. 백화점에서 세일을 할 때는 '8折', '5折' 등의 할인 표시가 명시되어 있다. 우리나라는 20% 할인이라고 말을 하지만 중국에서는 가격의 80%로 판다는 표현을 한다. 따라서 '8 折'라고 하면 20% 할인이지, 80% 할인이 아니다.

계산 백화점이나 큰 상점에서 물건을 구입하면 점원이 전표를 끊어 준다. 그 전표를 가지고 직접 계산대로 가서 물건값을 지불하고 영수증을 받은 뒤 돌아와 물건을 받는다. 영수증은 보통 두 장을 주는데, 한 장은 판매원에게 주고 한 장은 본인이 챙긴다.

▲ 중국백화점 내 지오다노 매장

▲ 중국의 대형 백화점 내부 모습

시장

재래식 시장 우리나라의 재래식 시장을 떠올리면 된다. 시장 거리가 있으며, 그곳에는 음식에서부터 의복까지 없는 것이 없다.

상가식 시장 쇼핑몰처럼 큰 건물 안에서 층마다 갖가지 물건들을 판다.

재래식이나 상가식 시장은 정찰제가 아니기 때문에 가격흥정이 가능하다. 백화점보다 훨씬 싼 가격에 공예품, 도장재료, 붓, 먹, 기념품 등의 물건을 살 수 있기 때문에 여행객들은 가격흥정을 할 수 있는 시장을 주로 찾는다.

▲ 상가식 시장의 귀금속 매장

쇼핑할 때 주의할 점

가짜 상품 중국에 가짜가 많다는 것은 너무나 공공연한 사실이다. 가짜 술, 가짜 담배는 물론 신발, 지갑, 옷 등 가짜 명품들도 여기저기에서 불법으로 판매하니, 좋은 제품을 사려면 시장보다는 국영상점이나 우의상점을 이용하는 것이 좋다.

위조지폐 중국에는 50위안짜리와 100위안짜리 위조지폐가 많이 유통되고 있어 지폐를 내면 위조지폐판독기에 비춰보고 위폐인지 아닌지 확인한다. 상점 등지에서 거슬러 받은 돈은 위조지폐판독기에 비추어 보자고 하자. 위조지폐인지 모르고 가지고 있으면 범죄와는 무관하지만 그 돈은 공안(公安)에게 압수당한다.

▲ 위폐가 많은 중국에서는 상점마다 사진과 같은 위폐 판독기를 갖추어 놓고 있다.

가격흥정 재일 중요한 것은 가격이다. 시장에서 중국상인들은 터무니없이 가격을 부풀려서 부른다. 손해보지 않고 사려면 여러 군데를 잘 돌아다녀 봐야 한다. **가격 흥정하는 방법** : 가격을 부르면 그 가격에서 50%를 다운시킨 다음 더 깎는다. 예를 들어, 가방 가격을 150위안이라고 부르면 30~50위안 사이에 사야 속지 않고 사는 것이다.

숫자표현 쇼핑을 하다가 가게주인이 손으로 숫자표현을 할 때가 있다. 자신이 얼마나 깎아주는지 다른 상점이 모르게 할 때 간혹 쓰는데, 중국인들의 숫자표현을 익힌다면 훨씬 유익한 쇼핑을 할 수 있다.

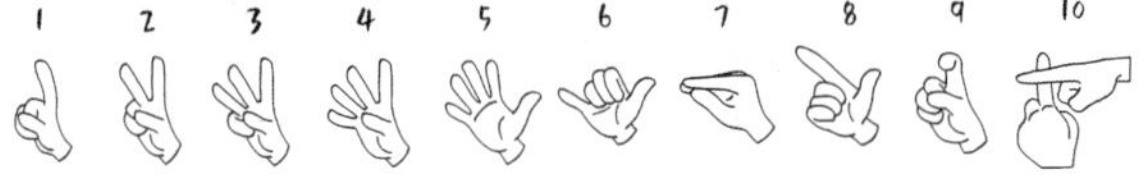

신용카드

외국인이 자주 이용하는 가게들은 신용카드를 받는다. 카드를 사용하면 큰돈을 가지고 다니거나 잔돈을 준비하지 않아도 되므로 매우 편리하다. 카드 사용 방법은 한국과 같다. 대부분의 상점에서 비자, 마스터, JCB, 아멕스 카드를 받는다. 중국에는 신용카드보다 직불카드로 결제가 가능한 상점이 더 많다.

■ 중국의 돈

런민삐(人民币) 원래 중국에서는 호텔이나 관광지 등에서 외국인 요금을 적용하였다. 그런데 이 요금제도는 2000년부터 폐지되었다. 따라서 예전에는 외국인 화폐가 따로 있어 중국 화폐인 인민폐와 구분해서 쓰였지만 지금은 어디서나 인민폐가 통한다. 인민폐의 종류는 다음과 같다.

▼ 위에서부터 차례로 1마오, 2마오, 5마오

▼ 위에서부터 차례로 1위안, 2위안, 5위안

▼ 위에서부터 차례로 10위안, 20위안, 50위안, 100위안

▼ 왼쪽에서부터 차례로 1펀, 2펀, 5펀, 1마오, 5마오, 1위안 동전

10펀(分)은 1마오(毛)이고, 10마오는 1위안(元)이다. 인민폐의 가장 큰 단위는 100위안이다. '위안'은 구어로 '콰이(块)'라고 한다.

상점에서 1

이 근처에 상가가 있습니까?

백화점은 어디에 있습니까?

남성복은 몇 층입니까?

이 상품은 세일합니까?

몇 퍼센트 세일합니까?

이것 좀 보여 주세요.

이 티셔츠는 얼마입니까?

드라이 클리닝을 해야 합니까?

쩔 푸진 요우 상창 마
这儿附近有商场吗?

편의점
삐엔리디엔
便利店

바이후어 따로우 짜이 날
百货大楼在哪儿?

슈퍼마켓
차오지 스창
超级市场

난짱 스 지 로우
男装是几楼?

여성복	아동복	스포츠 의류
뉘짱	**얼통푸**	**시우시엔 이푸**
女装	儿童服	休闲衣服

쩌 시에 상핀 다 뿌 다 저
这些商品打不打折?

다 지 저
打几折?

게이 워 칸칸 쩌 거
给我看看这个。

저것
나거
那个

쩌 지엔 티쉬 뚜어사오 치엔
这件T恤多少钱?

바지	치마	치파오
쿠즈	**췬즈**	**치파오**
裤子	裙子	旗袍

야오 깐시 마
要干洗吗?

물세탁
수이시
水洗

상점에서 2

좀더 옅은 색 있나요?

사이즈가 어떻게 되세요?

저는 M사이즈입니다.

탈의실은 어디입니까?

잘 어울립니까?

좀 헐렁하네요.

검정색 있나요?

이것으로 사겠습니다.

요우 치엔 이디엔 더 옌써 마
有浅一点的颜色吗?

짙은
선
深

니 촨 지 하오
你穿几号?

워 촨 쭝 하오
我穿中号。

XL	L	S
터 하오	따 하오	샤오 하오
特号	大号	小号

껑이스 짜이 날
更衣室在哪儿?

화장실	비상구
웨이성지엔	타이핑먼
卫生间	太平门

허스 마
合适吗?

요우디알 페이
有点儿肥。

타이트하다
소우
瘦

요우 메이요우 헤이써
有没有黑色?

흰색	빨간색	파란색	아이보리색
바이써	홍써	란써	미써
白色	红色	蓝色	米色

워 지우 마이 쩌 거 바
我就买这个吧。

상점에서 3

치파오 있어요?

좀더 작은 사이즈 있어요?

다른 디자인은 없습니까?

다 팔렸습니다.

입어(신어) 봐도 됩니까?

이것은 옷감이 무엇입니까?

이 신발 좀 보여 주세요.

37호입니다.

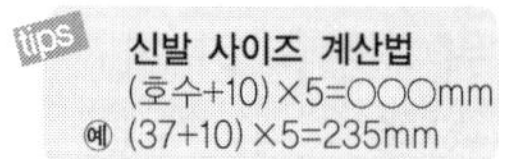

tips
신발 사이즈 계산법
(호수+10)×5=○○○mm
예 (37+10)×5=235mm

요우 치파오 마
有旗袍吗?

신발	모자
시에즈	마오즈
鞋子	帽子

요우 츠춘 짜이 샤오 디엔 더 마
有尺寸再小点的吗?

큰
따
大

요우 메이요우 비에더 콴스
有没有别的款式?

색깔
옌써
颜色

마이완 러 / 메이요우 러
卖完了。/ 没有了。

커이 스 이 스 마
可以试一试吗?

쩌 거 용 선머 쭈오 더
这个用什么做的?

게이 워 칸칸 쩌 솽 시에즈
给我看看这双鞋子。

구두	샌들
피시에	량시에
皮鞋	凉鞋

싼스치 하오
三十七号。

40호
쓰스 하오
四十号

특산품 가게에서

중국 특산품을 사려면 어디로 가야 합니까?

이 진주 좀 보여 주세요.

이것은 진짜 수공으로 만든 건가요?

좀더 큰 것은 없습니까?

도장을 새기고 싶어요.

도장을 두 개 사고 싶어요.

야시장은 몇 시에 여나요?

야시장에는 볼 거리가 있나요?

짜이 날 커이 마이 쭝구어 터찬핀
在哪儿可以买中国特产品？

기념품
지니엔핀
纪念品

칭 게이 워 칸칸 쩌 시에 쩐쭈
请给我看看这些珍珠。

비단	옥	부채
쓰초우	위치	산즈
丝绸	玉器	扇子

쩌 쩐더 스 소우꽁 쭈오 더 마
这真的是手工做的吗？

요우 메이요우 따 이디엔 더
有没有大一点的？

작은
샤오
小

워 샹 커 투짱
我想刻图章。

도장돌
인스
印石

워 야오 마이 량 거 투짱
我要买两个图章。

예스 지 디엔 카이
夜市几点开？

예스 요우 선머 커 칸 더 후어똥
夜市有什么可看的活动？

차 · 술 · 담배 가게에서

마셔 봐도 됩니까?

향을 맡아 봐도 될까요?

제일 좋은 차로 주세요.

가장 인기 있는 차는 무엇입니까?

재스민차로 사겠습니다.

한 근(500g) 주세요.

쭝난하이 한 보루 주세요.

사오싱주 한 병 주세요.

커이 허허 칸 마
可以喝喝看吗？

원 이 원 월 커이 마
闻一闻味儿可以吗？

게이 워 쭈이 하오 더 차예
给我最好的茶叶。

쭈이 소우 환잉 더 차예 스 선머
最受欢迎的茶叶是什么？

담배	술
샹옌	**지우**
香烟	酒

워 샹 마이 모리화차
我想买茉莉花茶。

우롱차	보이차	치먼홍차
우롱차	**푸얼차**	**치먼홍차**
乌龙茶	普洱茶	祁门红茶

게이 워 이 진
给我一斤。

반 근(250g)	50g	1g
빤 진	**이 량**	**이 커**
半斤	一两	一克

칭 게이 워 이 탸오 쭝난하이
请给我一条中南海。

마일드세븐	던힐
로우허치싱	**떵시루**
柔和七星	登喜路

칭 게이 워 이 핑 사오싱지우
请给我一瓶绍兴酒。

라오베이징	마오타이주
라오 베이징	**마오타이지우**
老北京	茅台酒

흥정하기

좀 싸게 해 주세요.

좀더 깎아 주세요.

제일 싼 가격으로 해 주세요.

너무 비싸요, 안 살래요.

저 가게에서는 좀더 싸던데요.

많이 사면 좀 깎아 주나요?

별로 마음에 들지 않습니다.

다른 곳도 둘러 보고 올게요.

넝 뿌 넝 피엔이 디알
能不能便宜点儿?

짜이 피엔이 디알 바
再便宜点儿吧。

게이 거 쭈이 띠 쟈
给个最低价!

타이 꾸이 러, 뿌 마이 러
太贵了, 不买了。

나 쟈 상디엔 하이 피엔이 디알
那家商店还便宜点儿。

뚜어 마이 지 거 커이 피엔이 디알 마
多买几个可以便宜点儿吗?

쩐머 칸 예 메이 칸상
怎么看也没看上。

취 비에더 띠팡 칸칸 짜이 수어
去别的地方看看再说。

계산하기

이 제품은 믿을 수 있습니까?

이것은 얼마입니까?

모두 얼마입니까?

나눠서 포장해 주세요.

신용카드도 됩니까?

거스름돈이 모자랍니다.

영수증 좀 주세요.

다음에 다시 오겠습니다.

쩌 거 상핀 스 쩐 후어 마
这个商品是真货吗?

쩌 거 뚜어사오 치엔
这个多少钱?

이꽁 뚜어사오 치엔
一共多少钱?

펀카이 빠오짱 바
分开包装吧。

신용카 예 소우 마
信用卡也收吗?

링치엔 부 꼬우
零钱不够。

게이 워 소우쥐
给我收据。

샤 츠 짜이 라이 마이
下次再来买。

환불하기

거스름돈을 잘못 주셨습니다.

색깔이 마음에 안 들어서 교환하고 싶습니다.

더 싼 것을 보여 주시겠어요?

이것 좀 환불해 주세요.

여기에 흠집이 있어요.

사이즈가 맞지 않습니다.

책임자를 불러 주세요.

바로 환불해 드리겠습니다.

닌 자오추오 치엔 러
您找错钱了。

옌써 부 타이 시환, 워 샹 환 이 거
颜色不太喜欢，我想换一个。

디자인
콴스
款式

게이 워 칸 이샤 껑 피엔이 더
给我看一下更便宜的。

칭 바 쩌 거 게이 투이 러
请把这个给退了。

짜이 쩌리 요우 마오삥
在这里有毛病。

하오마 뿌 허스
号码不合适。

크기
따샤오
大小

칭 쟈오 이샤 징리
请叫一下经理。

마상 게이 니 투이후어
马上给你退货。

기타 표현

이것은 무엇입니까?

물건이 이상하면 나중에 바꾸러 와도 됩니까?

계산대는 어디에 있습니까?

신용카드로 계산해도 됩니까?

진주는 몇 층에서 팝니까?

가족에게 선물할 것입니다.

지난번에는 더 싸게 샀었습니다.

여기에 실밥이 뜯어져 있어요.

쩌 스 선머
这是什么?

요우 원티, 커이 라이 환 마
有问题, 可以来换吗?

소우인타이 짜이 날
收银台在哪儿?

커이 용 신용카 마
可以用信用卡吗?

쩐쭈 짜이 지 로우 마이
珍珠在几楼卖?

쏭 쟈런 더
送家人的。

상 츠 비 쩌 거 쟈치엔 껑 피엔이
上次比这个价钱更便宜。

쩌리 더 시엔토우 요우 원티
这里的线头有问题。

상점

______ 는 어디에 있습니까?

짜이 날
______ 在哪儿？

전문매장 쫜마이디엔 专卖店	면세점 미엔수이 상디엔 免税商店	주차장 팅처창 停车场	카트 소우투이처 手推车
가게 상디엔 商店	보관함 춘빠오추 存包处	피팅룸 스이지엔 试衣间	계단 로우티 楼梯
엘리베이터 띠엔티 电梯	에스컬레이터 쯔뚱 푸티 自动扶梯	계산대 소우인타이 收银台	정문 쩡먼 正门

쇼핑

______ 좀 볼 수 있을까요?

워 커 이 칸 칸
我可以看看 ______ ？

특산품 터찬핀 特产品	골동품 구동 古董	도장 투짱 图章	도자기 타오츠 陶瓷

스카프 웨이진 围巾	넥타이 링따이 领带	핸드백 소우티빠오 手提包	시계 소우뱌오 手表
안경 옌싱 眼镜	선글라스 타이양징 太阳镜	콘택트렌즈 인씽 옌징 隐形眼镜	목걸이 샹리엔 项链
귀고리 얼환 耳环	반지 지에즈 戒指	팔찌 소우주오 手镯	브로치 시웅쩐 胸针
다이아몬드 쫜스 钻石	진주 쩐쭈 珍珠	금 (황)진 (黄)金	18K 스빠 진 十八金
24K 얼스쓰 진 二十四金	순금 춘진 纯金	은 인 银	비취 페이추이 翡翠
양모 양마오 羊毛	면 미엔 棉	비단(실크) 쓰초우 丝绸	양복 시푸 西服
코트 따이 大衣	원피스 리엔이췬 连衣裙	셔츠 천산 衬衫	재킷 쟈커 夹克

조끼 뻬이신 背心	스웨터 마오이 毛衣	바지 쿠즈 裤子	반바지 뚜안쿠 短裤
청바지 니우짜이쿠 牛仔裤	치마 췬즈 裙子	잠옷 수이이 睡衣	속옷 네이이 内衣
양말 와즈 袜子	향수 샹수이 香水	핸드크림 후소우솽 护手霜	립스틱 코우홍 口红
스킨 화좡수이 化妆水	로션 루예 乳液	펜던트 추이스 垂饰	찻잎을 넣는 통 차예통 茶叶筒
찻잔 차뻬이 茶杯	티스푼 차츠 茶匙	찻잔 받침 차디에 茶碟	우롱차 우롱차 乌龙茶
롱징차 롱징차 龙井茶	팔보차 빠바오차 八宝茶	징주 징지우 京酒	펀주 펀주 汾酒
시펑주 시펑지우 西凤酒	하이네켄 시리 喜力	코로나 커루어나 科罗那	아사히 짜오르 朝日

삿뽀로 치바오 七宝	담배 샹옌 香烟	개피 쯔 支	갑 허 合
보루 탸오 条	라이터 다후어지 打火机	말보로 완바오루 万宝路	필립모리스 진리스 金利士

기타

기타	비싸다 꾸이 贵	싸다 피엔이 便宜	세일하다 다저 打折
손해보다 페이치엔 赔钱	환불 투이후어 退货	영수증 소우쥐 收据	영업하다 잉예 营业
전표 샤오퍄오 小票	흥정하다 타오 쟈 환 쟈 讨价还价	지불하다 푸치엔 付钱	아이쇼핑을 하다 꽝 상디엔 逛商店
애프터서비스 소우호우 푸우 售后服务	쇼윈도 추촹 橱窗	거울 징즈 镜子	위폐판독기 옌차오떵 验钞灯

장바구니 꼬우우란 购物蓝	봉지 따이즈 袋子	쇼핑백 꼬우우따이 购物袋	가짜 쟈 더 假的
진품 쩡핀 正品	인기상품 러먼후어 热门货	반액 빤쟈 半价	교환하다 투이환 退换

6

중국문화 체험하기

■ 중국의 볼 거리

전통극　중국에는 366종이나 되는 지방 전통극이 있는데 이중 대표적인 것이 베이징 지방에서 대성한 경극(京剧)이다. '베이징 오페라'라고도 불리는 경극은 노래, 대사, 행동, 무술이 결합된 예술로서, 독특한 대사와 연기, 화려한 의상과 분장 때문에 많은 외국인 관람객들을 끌어들이고 있다. 베이징에서 경극을 공연하는 극장으로는 소우뚜극장, 민족문화궁, 이원극장 등이 있다.

소우뚜극장(首都剧场): 北京市东城区王府井大街22号
☎ 010-6513-5801

민족문화궁(民族文化宫): 北京市西城区复内大街49号
☎ 010-6602-2503

경극의 배역

생(生)-남성인물을 연기하는 배역으로, '노생(老生 · 중년 혹은 노년의 남성배역)', '소생(小生 · 젊은 남성배역)', '무생(武生 · 무예에 능한 청장년 남성배역)' 등이 대표적인 배역이다.

단(旦)-여성인물을 연기하는 배역으로, '청의(青衣 · 장중한 느낌의 중장년 여인 배역으로, 항상 푸른 옷을 입는다.)', '화단(花旦 · 활발한 젊은 여성배역으로, 행동과 대사에 중점을

▲ 무단 - 용맹스런 여성 역할로, 주로 무술을 연기한다.

▲ 화단 - 천진난만하고 활달한 젊은 여성 역할

▲ 축 - 유머와 기지가 있는 남성 역할

둠.)', '노단(老旦 · 노년의 여성배역)' 등이 있다.

정(净)–성격이 호방한 남성을 연기하는 배역으로 화장의 방식과 모습에 따라 성격이 구별된다.

축(丑)–유머와 기지가 있거나 교활한 남성인물을 연기하는 배역이다.

곡예 곡예(曲艺)는 각종 설창 예술의 총칭으로, 고대 민간의 구전문학과 설창예술이 발전하고 변화하여 형성된 것이다. 현재 중국에서 유행하는 곡예의 종류는 300여 개가 있는데 이중 사람들로부터 가장 환영을 받는 곡예는 바로 상성(相声)이다. 현대의 상성은 일종의 웃음에 대한 예술로, 100여 년 전 베이징과 톈진 지역에서 시작되었다. 상성에서 말하는 내용은 대부분 일상생활 속의 이야기이다.

▲ 상성 공연 모습

서커스 중국의 서커스를 잡기(杂技)라고 하는데, 중국의 잡기는 중국인뿐 아니라 세계 각국에서도 호평을 받은 바 있다. 긴 막대 위에서 그릇 돌리기, 접시 돌리기, 자전거 곡예 등 중국의 잡기는 고도의 기술 및 독특한 풍격으로 사랑받고 있다. 현재 거의 모든 지역에 잡기단이 있는데, 베이징에서는 차오양극장에서 베이징 잡기단이 활동하고 있으며 토요일을 제외하고 매일 공연이 있다.

▲ 국제서커스대회에서 수상한 바 있는 「양발로 공중 돌리기」

차오양극장(朝阳剧场): 北京市东三环路 38 号
☎ 010-6507-1818

■ 베이징(北京)

고궁(故宫) 명 · 청대의 황궁으로, 자금성(紫禁城)이라고 불려왔다. 태화전(太和殿), 중화전(中和殿), 보화전(保和殿), 건청궁(乾清宫), 교태전(交太殿), 곤녕궁(坤宁宫) 등 크고 작은 90여 채의 궁궐로 이루어져 있다. 지하철을 타고 톈안먼동역(天安门东站)에 내려서 톈안먼을 통과해 걸어 들어가면 고궁박물관(故宫博物馆)이 나온다.

이허위엔(颐和园) 청 황제의 정원이며 서태후의 별궁으로 유명하다. 인공호수인 쿤밍호(昆明湖), 장랑(长廊), 완소우산(万寿山)의 불향각(佛香阁) 등이 관광객의 발길을 끌고 있다. 베이징의 서북쪽에 위치해 있으며, 베이징 시내 어디에서나 이허위엔에 가는 버스가 많이 있다.

만리장성(万里长城) 5000km에 이르는 길이로, 베이징 외곽 빠다링(八达岭), 무티엔위(慕田峪), 쓰마타이(司马台), 진산링(金山岭) 네 곳을 통해서 오를 수 있다. 보통 베이징 시내에서 가장 가까운 빠다링 장성으로 오른다.

◀ 세계 7대 불가사의 중 하나인 만리장성

따통(大同)

윈강석굴(云岗石窟) 북위(北魏) 때 만들어진 문화유산으로, 전체 길이는 동서로 1km에 이르며 석굴의 총수는 53개이다.

현공사(悬空寺) 북위 말기에 절벽 한가운데 세워진 불교사원으로, 따통의 남쪽에 있는 중국 오악(五岳)의 하나인 헝산(恒山)에 위치한다.

따통의 유명한 두 관광지 윈강석굴과 현공사는 따통 시내에서 멀리 떨어져 있어 버스를 타고 이용하는 것보다 택시를 대절하거나 따통역에 있는 CITS 등의 여행사를 이용하는 것이 좋다.

시안(西安)

병마용(兵马俑) 진시황이 죽은 후 자신의 무덤을 지키기 위하여 만들었으며, 1974년 한 농부에 의해 우연히 발견되었다. 총 3개의 전시관으로 이루어져 있고, 현재까지도 계속 발굴작업이 이루어지고 있다.(개방시간 08:30~17:30)

화청지(华清池) 당(唐)나라 현종(玄宗)과 양귀비(楊貴妃)가 사랑을 나눈 장소로 유명하며 현재는 대중 휴양지로 이용되고 있다.(개방시간 07:00~19:00)

▼ 53개의 석굴에 51,000여 개에 달하는 석조상이 있는 윈강석굴

▼ 병마용 1호갱

시안역에 도착하면 병마용이나 화청지, 진시황릉에 가는 교통편이 많이 있다. 버스를 이용해도 되고, '샤오꽁(小公 · 미니 시내버스)'을 타고 가도 된다. 여행객들을 상대로 하는 호객꾼들이 많으나 겁을 먹지 말고 가격흥정을 해 저렴하게 이용하자.

▩ 뤄양(洛阳)

룽먼석굴(龙门石窟) 뤄양의 남쪽, 이허(伊河)의 옆에 위치해 있으며 석회암 암벽의 크고 작은 동굴에 다양한 불상이 새겨져 있다.

뤄양역 바로 옆 버스정류장에서 '龙门口'라고 쓰인 60번, 81번 버스를 타고 가면 된다.(개방시간 여름 06:30~19:00, 겨울 07:00~18:00)

▩ 쓰촨성(四川省)-청뚜(成都)

지우자이꼬우(九寨沟) 쓰촨성의 바이룽장(白龙江)과 바이수이장(白水江) 유역에 자리잡고 있으며, 아름다운 경치와 물로 인해 관광명승지로 각광받고 있다. 쓰촨성의 수도인 청뚜의 신난먼뤼요우정류장(新南门旅游汽车站)에서 매일 아침 8시에 출발하는 버스를 타거나, 시먼정류장(西门汽车站)에서 매일 아침 7시에 출발하는 버스를 타면 갈 수 있다.(12시간 이상 소요)

▶ 둔황(敦煌)의 막고굴(莫高窟), 따통의 윈강석굴과 더불어 중국의 3대 석굴 중 하나인 뤄양의 룽먼석굴

어메이산(娥眉山) 쓰촨성 어메이산시에 위치해 있으며 해발 3099m이다. '仙境(신선의 세계)'이라고 칭송받을 정도로 산세가 절경이라 지우자이꼬우와 함께 쓰촨성의 여행상품으로 각광받고 있다. 버스보다는 청뚜역에서 터콰이를 타고 가는 것이 빠르고 편하다.(2시간 30분 소요)

■ 신장(新疆), 티베트(西藏)

실크로드 중국이 서역과 교역하던 때에 자연스럽게 생긴 길이며, 당시에 중국에서 수출하던 상품이 비단이었기에 실크로드(비단길)라는 이름이 붙여졌다. 실크로드를 횡단할 때는 시안(西安)역에서 기차를 타고 투루판(吐鲁番), 우루무치(乌鲁木齐)를 경유해서 가는 루트를 많이 이용한다.

뿌다라궁(布达拉宫) 티베트의 성도(省都) 라싸(拉萨)의 홍산에 있으며, 티베트 최고 존재인 달라이 라마의 궁전으로 티베트 전통 건축의 걸작으로 꼽힌다.

티베트를 여행할 때는 여러 가지 교통편이 있는데 시닝(西宁)-라싸 구간과 청뚜-라싸 구간을 가장 많이 이용한다. 라싸로 가는 기차편이 없기 때문에 주로 장거리 버스를 이용한다. 함께 여행하는 사람이 많다면 차를 렌트해서 가는 것이 편하다.

▼ 바닥까지 들여다 보이는 지우자이꼬우의 계곡

▼ 티베트 최고의 건축물로 꼽히는 뿌다라궁

▩ 옌지(延吉), 하얼빈(哈尔滨)

창바이산(长白山) 우리에게는 '백두산'으로 더 알려져 있는 창바이산은 한국의 기본 산줄기에 있는 성산(聖山)으로 한국인들이 자주 찾는 관광명소이다. 베이징에서 기차를 타고 옌지로 가서 창바이산으로 오르는 코스가 있다.

하얼빈 하얼빈은 겨울이 매우 추워 '얼음의 도시'라 불리며, 유럽풍의 건축물이 많아 '동방의 작은 파리'라고 불리기도 한다. 730부대 유적지와 빙등제(冰灯祭 · 매년 1월 5일~2월 5일)를 관람할 수 있다.

▩ 항저우(杭州), 쑤저우(苏州)

시후(西湖) 항저우시 서부에 있는 호수로, 시후 10경으로 유명하다. 시후의 이름은 중국의 미인 서시(西施)의 이름에서 유래하였다.

쑤저우 '물의 도시'라 불릴 정도로 도시의 운하망이 잘 발달되어 있고 경치가 아름답다. 또 아름다운 정원이 많아 '정원의 도시'로도 불린다.

쑤저우와 항저우는 모두 중국 동부에 위치해 있는데 항저우-상하이-쑤저우를 차례로 여행하는 노선이 편하다. 항저우-상하이 구간은 기차를 이용하고, 상하이-쑤저우는 장거리 버스를 이용한다.

▶ 수상가옥 - 작은 하천 옆에 나란히 지어진 수상가옥은 쑤저우의 볼거리 중 하나이다.

■ 하이난다오(海南岛)

하이코우(海口) '남해의 진주'라 불리는 하이난다오의 성도 하이코우시는 온난다우한 기후와 동파서원(东坡书院), 오공사(五公寺) 등의 문화유적 등으로 인해 국제적으로 환영을 받는 관광지가 되었다.

■ 홍콩(香港)

홍콩 1997년 중국으로 반환된 뒤 특별행정구가 되었다. 밤이 아름다운 도시이며, 쇼핑천국으로 관광객들의 사랑을 받고 있다. 광동어가 일상적으로 통용되는 언어이긴 하지만 영어와 베이징어가 공용어로 함께 쓰이고 있다.

◀ 쇼핑천국으로 유명한 홍콩의 야경

▼ 휴양지로 각광받는 하이난다오

tips

CITS : 중국의 대표적 여행사로 주로 외국인들을 상대로 한다. 영어와 중국어가 통하며 여행객을 대신해서 즉석에서 표를 예매해 준다. 이때 수수료(10~15위안)를 지불하면 된다. 주로 기차역이나 버스터미널, 번화가, 공원 등에서 접수를 받는데 하루 전이나 당일 아침에 신청하며 비용은 신청할 때 지불하면 된다. 보통 식비, 관광지 입장료, 버스이용료가 포함되어 있으며 비용도 저렴하고 편리하다.

시내 일일투어

관광안내소가 어디에 있나요?

시내지도 있습니까?

시내 관광투어버스가 있나요?

베이징 일일투어를 하고 싶은데요.

어디에서 집합합니까?

투어비용은 일인당 얼마입니까?

입장료가 포함된 가격인가요?

베이징에는 어떤 명승고적이 있나요?

뤼요우 쉰원추 짜이 날
旅游询问处在哪儿？

여행사
뤼싱서
旅行社

요우 스네이 띠투 마
有市内地图吗？

여행지도
요우란투
游览图

요우 스취 쪼우요우처 마
有市区周游车吗？

워 샹 찬쟈 베이징 이 르 요우
我想参加北京一日游。

반일투어
빤 르 요우
半日游

짜이 날 지허
在哪儿集合？

출발하다
추파
出发

퇀페이 메이 런 뚜어사오 치엔
团费每人多少钱？

빠오쿠어 먼퍄오 더 마
包括门票的吗？

점심
우찬
午餐

베이징 요우 선머 밍성 구지
北京有什么名胜古迹？

매표소에서 1

매표소는 어디에 있습니까?

입장권은 얼마입니까?

30위안입니다.

관람권도 사야 하나요?

학생 할인은 되나요?

네, 50% 할인됩니다.

학생 2명입니다.

구경하는 데 얼마나 걸립니까?

소우퍄오추 짜이 날
售票处在哪儿?

먼퍄오 스 뚜어사오 치엔
门票是多少钱?

싼스 콰이
三十块。

하이 야오 마이 찬꽌취엔 마
还要买参观券吗?

요우 쉬에셩 요우후이 마
有学生优惠吗?

요우, 다 우 저
有，打五折。

량 거 쉬에셩
两个学生。

찬꽌 쩌리 쉬야오 뚜어 창 스지엔
参观这里需要多长时间?

매표소에서 2

몇 시부터 문을 여나요?

오전 8시입니다.

몇 시에 문을 닫습니까?

출구는 어디에 있나요?

산에 숙소가 있나요?

정상까지 얼마나 걸립니까?

산에 케이블카가 있나요?

케이블카를 타는 데 얼마입니까?

지 디엔 카이 먼
几点开门?

짜오상 빠 디엔
早上八点。

선머 스호우 꽌 먼
什么时候关门?

추코우 짜이 날
出口在哪儿?

산상 요우 쭈쑤 마
山上有住宿吗?

따오 산딩 쪼우 루 야오 뚜어 창 스지엔
到山顶走路要多长时间?

요우 메이요우 상 산 더 란처
有没有上山的缆车?

쭈어 란처 야오 뚜어사오 치엔
坐缆车要多少钱?

사진 찍기

사진 찍어도 됩니까?

사진 좀 찍어 주세요.

누르기만 하면 됩니다.

전신사진으로 찍어 주세요.

저하고 사진 한 장 찍으시겠어요?

이곳은 비디오 촬영이 허용된 곳입니까?

필름 한 통 주세요.

필름을 현상해 주세요.

커이 짜오샹 마
可以照相吗？

촬영하다
서샹
摄像

칭 빵 워 파이 이샤
请帮我拍一下。

이 언 지우 싱 러
一摁就行了。

짜오 취엔선 샹 바
照全身相吧。

상반신
빤선
半身

껀 워 이치 짜오 짱 샹, 하오 마
跟我一起照张相，好吗？

쩔 커이 서샹 마
这儿可以摄像吗？

워 야오 이 쥐엔 쟈오쥐알
我要一卷胶卷儿。

칭 총시 이샤 쟈오쥐알
请冲洗一下胶卷儿。

길 묻기

길을 잃었습니다.

루쉰공원에는 어떻게 갑니까?

곧장 가다가 오른쪽으로 도세요.

여기는 어디입니까?

여기에서 걸어서 얼마나 걸립니까?

여기에서 멉니까?

그 주변에 큰 건물 같은 것이 있나요?

길을 건너야 하나요?

워 미루 러
我迷路了。

루쉰 꽁위엔 쩐머 쪼우
鲁迅公园怎么走?

베이징서역	버스정류장	여기
베이징 시짠	꽁쟈오처짠	쩌리
北京西站	公交车站	这里

이즈 쪼우, 란호우 왕 요우 과이
一直走, 然后往右拐。

쩌리 스 선머 띠팡
这里是什么地方?

쪼우 루 야오 뚜어 창 스지엔
走路要多长时间?

리 쩔 위엔 마
离这儿远吗?

가까운
진
近

날 요우 메이요우 빠오쯔싱 더 지엔쭈
那儿有没有标志性的建筑?

야오 꾸어 마루 마
要过马路吗?

극장 · 공연 예약하기

저녁 영화는 몇 시에 시작하나요?

6시에 시작합니다.

프로그램 한 장 주세요.

공연시간은 얼마나 됩니까?

오늘 표 있습니까?

두 장 예약하겠습니다.

몇 시에 끝나요?

좋은 자리로 주세요.

연극	서커스
화쥐	짜지
话剧	杂技

완 창 띠엔잉 선머 스호우 카이스
晚场电影什么时候开始?

리우 디엔 카이스
六点开始。

칭 게이 워 이 짱 지에무뱌오
请给我一张节目表。

상옌 스지엔 요우 뚜어 창
上演时间有多长?

요우 진티엔 더 퍄오 마
有今天的票吗?

워 야오 띵 량 짱 퍄오
我要订两张票。

지 디엔 지에수
几点结束?

게이 워 하오 이디알 더 쭈오웨이
给我好一点儿的座位。

공연 관람하기

제 자리가 어디인가요?

자리 좀 바꿔 주시겠어요?

고맙습니다.

저 배우는 유명한가요?

경극의상이 멋있군요.

오늘 공연 참 좋았어요.

또 보러 오고 싶습니다.

tips 경극은 당일 예약이 가능하다. 베이징에서 경극을 공연하는 주요 극장으로는 라오서차관(老舍茶馆), 쩡이츠시로우(正乙祠戏楼) 등이 있다. 주소와 전화번호는 다음과 같다.

워 더 쭈오웨이 짜이 날
我的座位在哪儿？

칭 환 이샤 쭈오웨이, 하오 마
请换一下座位，好吗？

시에시에
谢谢！

나 거 옌위엔 요우밍 마
那个演员有名吗？

징쥐 푸쫭 하오칸
京剧服装好看。

진티엔 더 뱌오옌 헌 징차이
今天的表演很精彩。

워 샹 짜이 라이 칸 이 칸
我想再来看一看。

라오서차관 : 北京市宣武区前门大街三号楼三层 (010)6306-6830, 6304-6334
쩡이츠시로우 : 北京市宣武区前门西河沿220号 (010)6389-9454

박물관에서

입장권은 얼마입니까?

어디에서부터 관람을 시작합니까?

무료 안내 책자가 있습니까?

관내에 있으니 가져가시면 됩니다.

안에서 사진을 찍어도 되나요?

안 됩니다.

가이드 헤드폰을 하나 빌리는 데 얼마입니까?

10위안입니다.

먼퍄오 뚜어사오 치엔
门票多少钱?

총 날 카이스 찬꽌
从哪儿开始参观?

요우 메이요우 미엔페이 수어밍수
有没有免费说明书?

관리 요우, 닌 커이 나
馆里有, 您可以拿。

짜이 리미엔 커이 짜오샹 마
在里面可以照相吗?

뿌 싱
不行。

지에 이 거 다오요우 얼지 뚜어사오 치엔
借一个导游耳机多少钱?

스 콰이
十块。

골프장 · 노래방 · 나이트클럽에서

골프 치는 데 얼마입니까?

일인당 800위안입니다.

골프채를 대여하나요?

이 호텔에는 노래방이 있습니까?

룸 하나 빌리는 데 얼마입니까?

시간당 50위안입니다.

나이트클럽 입장료는 얼마입니까?

맥주와 음료수는 어떻게 계산하나요?

다 까오얼푸 뚜어사오 치엔
打高尔夫多少钱?

메이 거 런 빠바이 위엔
每个人八百元。

치우깐 커이 쭈 마
球杆可以租吗?

운동화
치우시에
球鞋

쩌 지우디엔리 요우 카라OK 마
这酒店里有卡拉OK吗?

바
지우빠
酒吧

이 지엔 빠오팡 뚜어사오 치엔
一间包房多少钱?

안 이 거 샤오스 우스 콰이
按一个小时五十块。

예쫑후이 먼퍄오 뚜어사오 치엔
夜总会门票多少钱?

피지우 허 인랴오 쩐머 쏸
啤酒和饮料怎么算?

미용과 안마

머리 자르는 데 얼마입니까?

샴푸해 드릴까요?

어떻게 깎아 드릴까요?

좀 짧게 깎아 주세요.

퍼머해 주세요.

머리 좀 정리해 주세요

안마 받으시겠습니까?

전신안마를 받고 싶어요.

지엔 토우파 뚜어사오 치엔
剪头发多少钱?

퍼머
탕파
烫发

닌 야오 시 토우 마
您要洗头吗?

드라이
추이펑
吹风

니 샹 지엔 선머 양 더 파싱
你想剪什么样的发型?

워 야오 두안 이디알
我要短一点儿。

워 야오 탕 토우파
我要烫头发。

염색하다
란 토우파
染头发

시우 이샤
修一下。

닌 쉬야오 쭈오 안모 마
您需要做按摩吗?

워 샹 쭈오 취엔선 안모
我想做全身按摩。

관광 안내소

______ 있나요?

요우 메이요우 ______ 마
有没有 ______ 吗?

여행지도	필름	관광안내책자	여행가이드북
요우란투	쟈오쥐알	꽌꽝 소우처	뤼싱 즈난
游览图	胶卷儿	观光手册	旅行指南

관광지

명승고적	차를 빌리다	사진을 찍다
밍성 구지	빠오처	짜오샹
名胜古迹	包车	照相

현상하다	사진	플래시	(셔터)를 누르다
총시	짜오피엔	산꽝	언
冲洗	照片	闪光	摁
어른	어린이	일일투어	반일투어
따런	얼통	이 르 요우	빤 르 요우
大人	儿童	一日游	半日游
하루 세 코스 관광	하루 다섯 코스 관광	가이드	가이드비
이 르 싼 요우	이 르 우 요우	다오요우	다오요우페이
一日三游	一日五游	导游	导游费

투어요금 뤼요우페이 旅游费	집합시간 지허 스지엔 集合时间	출발시간 추파 스지엔 出发时间	입장권 먼퍄오 门票
관람권 찬꽌취엔 参观券	절, 사찰 쓰먀오 寺庙	여행사 뤼싱서 旅行社	관광버스 뤼요우처 旅游车
여행 성수기 뤼요우 왕지 旅游旺季	여행 비수기 뤼요우 딴지 旅游淡季	무료 미엔페이 免费	티켓료 퍄오쟈 票价

문화 · 레저

	골프 까오얼푸 高尔夫	캐디 치우통 球童	골프채 치우깐 球杆
테니스 왕치우 网球	라켓 치우파이 球拍	안마 안모 按摩	이발하다 지엔 토우파 剪头发
영화 띠엔잉 电影	연극 화쥐 话剧	경극 징쥐 京剧	연기 뱌오옌 表演

배우 옌위엔 演员	프로그램 지에무뱌오 节目表	흥미 있는 요우 취 有趣	볼링장 바오링치우관 保龄球馆
당구 타이치우 台球	트럼프 푸커 扑克	마작 마쟝 麻将	장기 샹치 象棋
서커스 짜지 杂技	요금표 쟈무뱌오 价目表	미용실 메이룽위엔 美容院	이발소 리파띠엔 理发店
면도하다 꽈 후즈 刮胡子	헤어스타일 파싱 发型	앞가르마 쭝펀 中分	옆가르마 비엔펀 边分

주의표지	사진촬영금지 진즈 파이짜오 禁止拍照	출입금지 진즈 루네이 禁止入内	일반인 출입금지 요우런 즈 뿌 游人止步
침 뱉는 것 금지 칭 우 투탄 请勿吐痰	만지지 마세요 칭 우 똥소우 请勿动手	위반자는 벌금 웨이저 파콴 违者罚款	페인트 주의 요우치 웨이 깐 油漆未干

7

트러블 현명하게 대처하기

■ 도난 · 분실 시

여권 분실 시

① 현지 공안국에 여권분실신고를 한 후, 여권분실증명서를 받는다.

② 여권분실증명서를 가지고 주중한국대사관영사부 또는 총영사관으로 가서 여권을 재발급 받는다.

- 구비서류: 여권발급신청서, 여권용 사진 2매, 여권분실증명서, 분실사유서
- 재발급 수수료: 450위안
- 처리 소요 기간: 1~2개월

여행기간이 짧을 때는 주중한국대사관영사부에서 여행증명서를 발급 받고, 한국에 돌아온 후 여권을 재발급 받는 것이 좋다.

③ 현지 공안국에 비자를 신청해서 발급 받는다.

긴급상황에 대비해 여권사본을 따로 두어 여권과 분리하여 두는 것이 좋다.

주중한국대사관영사부 (베이징)	주간 (010)6532-6774~5 야간 (10)6532-0290(ex.321) 긴급민원 1360-111-7474

tips

항공권 분실 시

① 해당 공안국에 가서 분실 · 도난 증명서를 발급 받는다.(항공사에 따라서는 이 증명서가 없어도 되니 해당 항공사에 먼저 문의한다.)

② 분실 · 도난 증명서를 가지고 해당 항공사에 가서 항공권을 재발급 받는다.

- 재발급 수수료: 200위안~400위안
- 소요기간: 2~3일

시간이 촉박할 때는 새 항공권을 구입하고 귀국 후 새 항공권에

대한 환불을 요청할 수 있다. 단, 분실한 항공권이 할인 항공권이었다면 환불을 받지 못할 수도 있다.(항공사마다 다를 수 있으니 먼저 전화문의를 해야 한다.)
여권과 마찬가지로 항공권도 분실을 대비해서 복사해 두는 것이 좋다.

〈주요 항공사 중국지점 전화번호〉 tips

대한항공		아시아나	
지점	전화번호	지점	전화번호
베이징	(010)8453-8137~8	베이징	(010)6468-4000
칭다오	(0532)387-0088	상하이	(021)6219-4000
상하이	(021)6275-6000	창춘	(0431)894-4948
텐진	(022)2319-0088	하얼빈	(0451)8234-4000
홍콩	(852)2733-7110	시안	(029)870-3405

신용카드 분실 시 신용카드사가 중국 내에도 있다면 가서 신고를 하고, 중국 내 지사가 없는 카드일 때는 한국으로 직접 신고해야 한다. 만약을 대비해 카드번호와 유효기간은 메모해 두는 것이 좋다.

〈주요 카드사 전화번호(한국)〉 tips

외환카드: 82-2-2011-6420 삼성카드: 82-2-2000-8100
BC카드: 82-1588-4515 LG카드: 82-1544-7200
국민카드: 82-1588-1689 현대카드: 82-1577-6200

여행자수표 분실 시 여행자수표에는 서명을 하는 난이 두 군데 있는데, 두 군데 모두 서명이 되어 있는 것을 분실했을 경우에는 재발급이 되지 않으니, T/C 상의 한 군데만 서명해 놓아야 한다.

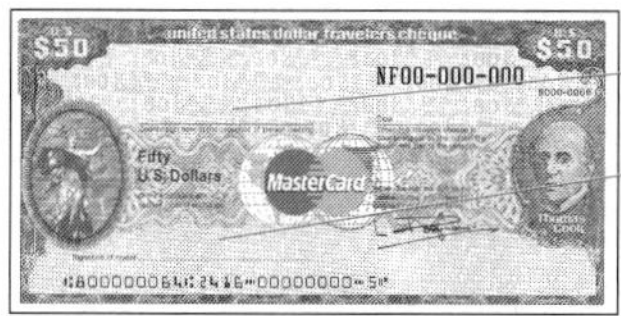

◀ 여행자수표

현금 분실 시 현금을 잃어버렸을 때는 다른 방도가 없다. 가까운 은행으로 가서 계좌를 만들고 한국에서 돈을 송금 받아야 한다. 하지만 소요시간이 2~3일 걸리므로 불편하다. 복대 등을 사용하여 현금을 안전하게 보관하자.

■ 병 · 사고 시

아플 때 상비약을 철저히 준비하는 것이 필요하다. 병이 심각하면 가까운 병원에 찾아가면 된다.

교통 사고가 났을 때 사고 발생 즉시 공안에 신고를 한다. 택시를 타고 가다 사고가 났을 경우 택시회사나 기사가 보상책임을 부담하므로 택시번호, 운전수 인적사항 및 연락처 등을 확보해야 한다. (신고전화: 110번)

■ 여행자 보험

해외여행은 단체관광이 대부분이기 때문에 보험가입은 여행사측에서 알아서 해 준다. 개인의 경우에는 주로 공항에서 한다. 보험 신청서에 내용을 기입하고 자신에게 맞는 보험을 들어 보험료를 지불하면 된다. 기본적으로 상해와 질병으로 나누어지고 다시 사망, 질병사망, 질병치료 등으로 세분화되어 있는데 본인의 상황에 따라 정하면 된다. 보험료는 2일부터 2개월까지 지불하는 방식이 있는데 자신의 여행기간에 맞게 적용하면 된다.

■ 전화 이용

전화 걸 때

공중전화: 기본요금 1위안(元). 동전이나 IC카드를 이용한다.

전화방: 한 통화 5마오(毛). 시설은 허름하지만 이용요금이 싸다.

시내전화를 걸 때: 예 1234-4567

국번 번호

시외전화를 걸 때: 예 021-1234-5678

지역번호 국번 번호

핸드폰으로 걸 때: 예 1308-123-4567

통신사 번호 국번 번호

전화카드 사용

국제전화나 콜렉트콜(수신자 부담)을 이용해서 한국으로 전화를 걸 때는 IC카드나 IP카드를 이용한다. IP카드는 30~50%까지 할인이 되기 때문에 여행객들은 보통 IP카드를 이용한다.

국가번호 0을 뺀 지역번호

IC카드: 00-82-2-736-2031

국제전화 식별번호 국번 번호

국가번호 0을 뺀 지역번호

IP카드: 카드 일련번호-비밀번호-00-82-2-736-2031

국제전화 식별번호

콜렉트콜 번호

콜렉트콜: 긴급버튼-108-82X-00-82-2-736-2031

통신사 번호 국가번호 0을 뺀 지역번호

통신사 번호: 821(한국통신), 827(온세통신), 828(데이콤)

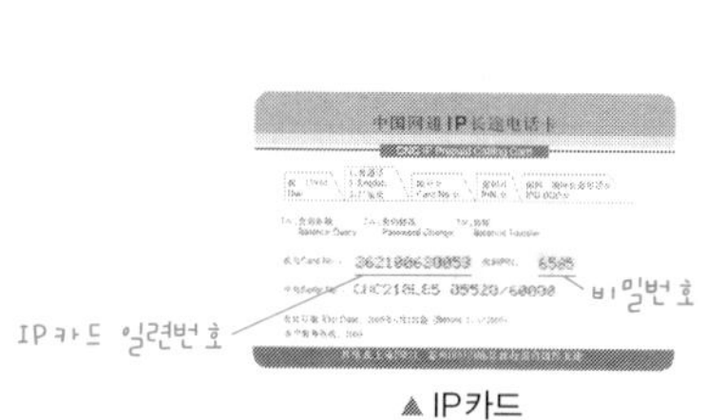

▲ IP카드

▲ IC카드

길을 잃었을 때

좀 도와 주세요.

길을 잃었습니다.

지금 저는 지도의 어느 위치에 있는 것입니까?

여기쯤입니다.

한국영사관에 가려고 합니다.

여기에서 멉니까?

공안국에 가려면 몇 번 버스를 타야 합니까?

우체국에는 어떻게 갑니까?

칭 빵 워 이샤
请帮我一下。

워 미루 러
我迷路了。

워 짜이 띠투 더 선머 웨이쯔
我在地图的什么位置?

따까이 스 짜이 쩌리
大概是在这里。

워 샹 야오 따오 한구어 링스관 취
我想要到韩国领事馆去。

파출소
파이추쑤어
派出所

리 쩔 위엔 마
离这儿远吗?

가까운
진
近

따오 꽁안쥐 야오 쭈오 지 루 처
到公安局要坐几路车?

요우쥐 쩐머 쪼우
邮局怎么走?

공항에서 짐을 분실했을 때

제 짐이 없는 것 같아요.

짐 분실처로 가서 물어 보세요.

제 짐을 찾지 못했는데, 어떻게 하죠?

어느 편 비행기로 오셨습니까?

(항공권을 보여 주며) 이 비행기로 왔습니다.

수하물 보관증이 있습니까?

(찾는 데) 오래 걸리나요?

찾거든 이쪽으로 연락 주세요.

하오샹 메이요우 워 더 싱리
好像没有我的行李。

니 따오 싱리 짜오링추 원 바
你到行李招领处问吧。

워 자오 부 따오 워 더 싱리 러, 쩐머 빤
我找不到我的行李了，怎么办？

니 청쭈오 더 스 나 츠 항빤
你乘坐的是哪次航班？

워 쭈오 더 스 쩌 거 항빤
我坐的是这个航班。

니 요우 싱리파이 마
你有行李牌吗？

후이 화 헌 창 더 스지엔 마
会花很长的时间吗？

자오따오 더화, 칭 통꾸어 쩌 거 띠엔화 하오마 껀 워 리엔시
找到的话，请通过这个电话号码跟我联系。

분실 · 도난 1

살려 주세요!

도둑이야!

도둑 맞았어요!

경찰을 불러 주세요.

파출소는 어디에 있습니까?

저를 따라 오세요.

무슨 일이십니까?

제 지갑을 도둑 맞았어요.

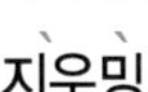

지우밍
救命!

샤오툴
小偷儿!

뻬이 토우 러
被偷了!

칭 쟈오 징차 라이
请叫警察来。

파이추쑤어 **짜이 날**
派出所在哪儿?

공안국	한국영사관
꽁안쥐	**한구어 링스관**
公安局	韩国领事馆

칭 껀 워 라이
请跟我来。

요우 선머 설
有什么事儿?

워 더 치엔빠오 **뻬이 토우 러**
我的钱包被偷了。

짐	가방
싱리	**피빠오**
行李	皮包

분실 · 도난 2

여권을 분실했어요.

어디에서 잃어버렸습니까?

택시에 두고 내린 것 같아요.

택시 영수증을 가지고 있나요?

지갑 안에는 무엇이 들어 있습니까?

현금 1000위안과 신용카드, 신분증 등이 있습니다.

한국어 통역이 필요합니다.

신용카드를 중지시켜 주세요.

워 띠우 러 후자오
我丢了护照。

항공권	신용카드	카메라
지퍄오	신용카	짜오샹지
机票	信用卡	照相机

짜이 날 띠우 러
在哪儿丢了？

하오샹 띠우짜이 추쭈처리 러
好像丢在出租车里了。

지하철	버스
띠티에	꽁꽁치처
地铁	公共汽车

니 요우 쩌 거 추쭈처 더 파퍄오 마
你有这个出租车的发票吗？

치엔빠오리, 요우 선머 똥시 너
钱包里，有什么东西呢？

요우 시엔진 이치엔 콰이, 신용카, 선펀쩡 덩덩
有现金 1000 块，信用卡，身份证等等。

워 야오 한구어 판이
我要韩国翻译。

워 야오 땨오샤오 워 더 신용카
我要吊销我的信用卡。

교통사고가 났을 때

교통사고를 당했어요.

차에 치였습니다.

공안을 불러 주세요.

저는 횡단보도를 건너고 있었습니다.

저 차가 갑자기 다가와서 부딪쳤습니다.

어디 다치신 데는 없습니까?

다리가 좀 불편합니다.

저는 외국인입니다. 빨리 처리해 주세요.

워 위따오 쟈오통 스구 러
我遇到交通事故了。

뻬이 처 쫭 러
被车撞了。

칭 쟈오 꽁안
请叫公安。

경찰	구급차
징차	지우후처
警察	救护车

워 쩡 꾸어 런싱 헝따오
我正过人行横道。

투란 쩌 량 처즈 바 워 쫭다오 러
突然这辆车子把我撞倒了。

요우 메이요우 소우상
有没有受伤？

워 더 쟈오 요우디알 통
我的脚有点儿痛。

팔	목
꺼보	보즈
胳膊	脖子

워 스 와이구어런, 칭 콰이 디알 추리
我是外国人，请快点儿处理。

병원 이용하기

어디에서 접수합니까?

어디에서 진료를 기다려야 합니까?

어디가 아프십니까?

다리를 다쳤습니다.

염증이 생겼어요.

삐었어요.

약은 어디에서 타나요?

진료비는 얼마입니까?

짜이 나리 꽈하오
在哪里挂号?

워 까이 취 날 칸삥
我该去哪儿看病?

닌 날 뿌 수푸
您哪儿不舒服?

워 더 쟈오 소우상 러
我的脚受伤了。

파옌 러
发炎了。

니우상 러
扭伤了。

짜이 날 커이 카이야오
在哪儿可以开药?

쯔랴오페이 뚜어사오 치엔
治疗费多少钱?

증상 말하기

알레르기가 있어요.

머리가 아파요.

배가 아파요.

여기가 아파요.

열이 나요.

기침이 나요.

콧물이 나요.

목이 아파요.

워 요우 꾸어민쩡
我 有 过 敏 症。

토우텅
头 疼。

뚜즈 텅
肚 子 疼。

쩌리 헌 통
这 里 很 痛。

파사오
发 烧。

커쏘우
咳 嗽。

리우 비티
流 鼻 涕。

호우롱 통
喉 咙 痛。

약국 이용하기

하루에 몇 번 먹습니까?

매일 두 번, 두 알씩 드세요.

심한가요?

설사를 해요.

차멀미를 해요.

소화가 잘 안 돼요.

감기약 있나요?

이틀 치만 주세요.

이 티엔 츠 지 츠
一天吃几次?

메이티엔 량 츠, 메이 츠 량 리
每天两次, 每次两粒。

옌쭝 마
严重吗?

시에 뚜즈
泻肚子。

윈처
晕车。

샤오화 뿌 량
消化不良。

요우 간마오야오 마
有感冒药吗?

워 야오 량 티엔 더
我要两天的。

전화 걸기 1

전화카드는 어디에서 팝니까?

20위안 짜리로 주세요.

얼마짜리 동전을 넣어야 합니까?

국제전화를 걸려고 합니다.

한국으로 걸고 싶습니다.

전화비가 얼마죠?

(한국에 거는) 국제전화는 1분에 얼마입니까?

불통입니다!

띠엔화카 짜이 날 마이
电话卡在哪儿卖?

IC카드	IP카드
IC카	IP카
IC卡	IP卡

워 야오 얼스 콰이 더
我要二十块的。

50위안	100위안
우스 콰이	이바이 콰이
五十块	一百块

야오 토우 지 콰이 치엔 더 잉삐
要投几块钱的硬币?

워 야오 다 구어지 띠엔화
我要打国际电话。

시내	시외
스네이	창투
市内	长途

워 야오 왕 한구어 다 띠엔화
我要往韩国打电话。

띠엔화페이 뚜어사오 치엔
电话费多少钱?

(따오 한구어 더) 구어지 띠엔화 메이 이 펀쭝 뚜어사오 치엔
(到韩国的)国际电话每一分钟多少钱?

다 부 통
打不通!

전화 걸기 2

여보세요.

누구 찾으세요?

잘 안 들려요.

잘못 거셨어요.

잠시 후에 다시 걸겠습니다.

계속 통화 중입니다.

끊지 말고 기다리세요.

제가 전화했다고 말씀 좀 전해 주세요.

웨이
喂！

닌 자오 쉐이
您找谁？

팅 뿌 칭추
听不清楚。

니 다추오 러
你打错了。

워 따이 후알 짜이 다
我待会儿再打。

이즈 짠시엔
一直占线。

비에 꽈하오, 사오 덩 이샤
别挂号，稍等一下。

칭 까오쑤 타 워 다꾸어 띠엔화
请告诉他我打过电话。

IP 카드 · 전화 안내방송

중국 왕통 IP전화를 이용해 주셔서 감사합니다. 보통화 안내는 1번, 영어 안내는 2번, 광동어 안내는 3번을 눌러 주세요.

카드번호를 누르시고, 우물 정 자를 눌러 주십시오.

비밀번호를 누르시고, 우물 정 자를 눌러 주십시오.

상대방의 전화번호를 누르시고, 우물 정 자를 눌러 주십시오.

죄송합니다, 이 전화번호는 없는 번호입니다.

지금 거신 전화는 전원이 꺼져 있습니다.

지금 거신 번호는 사용이 정지되었습니다.

환잉 스용 쭝구어 왕통 IP 띠엔화, 푸통화 푸우 칭 안 이, 잉위 칭 안 얼, 광뚱화 칭 안 싼

欢迎使用中国网通 IP 电话，普通话服务请按“1”，英语请按“2”，广东话请按“3”。

칭 수루 닌 더 짱하오, 안 징 하오 지엔 지에수

请输入您的帐号，按“#”号键结束。

칭 수루 미마, 안 징 하오 지엔 지에수

请输入密码，按“#”号键结束。

수루 뚜이팡 더 하오마, 안 징 하오 지엔 지에수

输入对方的号码，按“#”号键结束。

뚜이부치, 메이요우 쩌 거 띠엔화 하오마

对不起，没有这个电话号码。

닌 뽀 다 더 띠엔화 이 꽌지

您拨打的电话已关机。

닌 뽀 다 더 하오마 이 팅지

您拨打的号码已停机。

은행 이용하기

무엇을 도와 드릴까요?

계좌를 개설하고 싶습니다.

실례지만, 환전은 어디에서 하나요?

환전을 하고 싶습니다.

오늘은 환율이 얼마죠?

얼마나 바꾸시겠습니까?

500달러입니다.

이 여행자수표를 달러로 바꾸고 싶습니다.

닌 쉬야오 선머 빵망
您需要什么帮忙?

워 샹 카이 후토우
我想开户头。

칭원, 날 넝 환 와이삐
请问，哪儿能换外币?

워 야오 환 치엔
我要换钱。

진티엔 더 후이뤼 스 뚜어사오
今天的汇率是多少?

환 뚜어사오
换多少?

우 바이 메이위엔
五百美元。

워 야오 바 쩌 시에 뤼싱 쯔퍄오 환 런민삐
我要把这些旅行支票换人民币。

우체국 이용하기

우체국은 몇 시부터 몇 시까지 합니까?

오전 8시부터 오후 4시까지 영업합니다.

국제우편을 보내려고 합니다.

항공우편으로 보내려고 합니다.

무게를 재 봐야겠어요.

우편요금은 얼마입니까?

한국에 도착하는 데 얼마나 걸립니까?

내용물은 책입니다.

요우쥐 더 꿍쭈오 스지엔 총 지 디엔 따오 지 디엔
邮局的工作时间从几点到几点?

총 짜오상 빠 디엔 따오 샤우 쓰 디엔
从早上8点到下午4点。

워 야오 지 구어지 요우지엔
我要寄国际邮件。

국제소포
구어지 빠오구어 国际包裹

워 야오 지 항콩신
我要寄航空信。

선박우편	국제특급우편
하이윈 海运	구어지 콰이띠 国际快递

야오 칸 이 칸 타 더 쭝량
要看一看它的重量。

요우페이 스 뚜어사오
邮费是多少?

따오 한구어 야오 뚜어 지우
到韩国要多久?

네이 쫭 우핀 스 수
内装物品是书。

옷	CD
이푸 衣服	꽝판 光盘

분실

_____ 을 잃어버렸습니다.

워 띠우 러
我丢了 _____ 。

여권 후자오 护照	신용카드 신용카 信用卡	지갑 치엔빠오 钱包	항공권 지퍄오 机票
가방 피빠오 皮包	신분증 선펀쩡 身份证	워크맨 쑤이선팅 随身听	카메라 짜오샹지 照相机

길을 잃었을 때

길을 잃다 미루 迷路	지도 띠투 地图	약도 뤼에투 略图

증명서 쩡밍수 证明书	경찰에 신고하다 빠오징 报警	한국영사관 한구어 링스관 韩国领事馆	어디 날 哪儿
실례합니다 칭원 请问	사거리 스쯔 루코우 十字路口	삼거리 띵쯔 루코우 丁字路口	길모퉁이 루코우 路口

병원 · 약국

______ 있나요?

요우 ______ 마
有 ______ 吗？

소독약 샤오두야오 消毒药	비타민 웨이성쑤 维生素	소화제 샤오화야오 消化药	감기약 간마오야오 感冒药
두통약 토우텅야오 头疼药	위장약 웨이창야오 胃肠药	반창고 샹피까오 橡皮膏	멀미약 윈처야오 晕车药
지사제 즈시에야오 止泻药	환약 완야오 丸药	내복약 네이푸야오 内服药	연고 롼까오 软膏
응급실 지전스 急诊室	수술 소우수 手术	입원 쭈위엔 住院	퇴원 추위엔 出院
의사 이성 医生	간호사 후스 护士	치과 야커 牙科	내과 네이커 内科
외과 와이커 外科	산부인과 푸커 妇科	안과 옌커 眼科	피부과 피푸커 皮肤科

체온계	외래 진찰	처방전	접수
티원뱌오 体温表	먼전 门诊	야오팡 药方	꽈하오 挂号

전화	전화부스	전화를 걸다	전화를 받다
	띠엔화팅 电话亭	다 띠엔화 打电话	지에 띠엔화 接电话
국제전화 구어지 띠엔화 国际电话	시외전화 창투 띠엔화 长途电话	전화요금 띠엔화페이 电话费	공중전화 꽁용 띠엔화 公用电话
전화카드 띠엔화카 电话卡	휴대전화 소우지 手机	동전 투입 토우삐 投币	수신자 부담 뚜이팡 푸페이 对方付费
전화번호부 하오마뿌 号码簿	수화기 화통 话筒	국가번호 구어하오 国号	지역번호 취하오 区号

은행	은행 인항 银行	여행자수표 뤼싱 쯔퍄오 旅行支票	계좌를 개설하다 카이후 开户
인출하다 취콴 取款	예금하다 춘콴 存款	환전하다 환 치엔 换钱	예금통장 춘저 存折
비밀번호 미마 密码	자동현금인출기 쯔똥 티콴지 自动提款机	이자 리시 利息	화폐 후어삐 货币
동전 잉삐 硬币	지폐 즈삐 纸币	위조지폐 쟈차오 假钞	수수료 소우쉬페이 手续费

우체국	부치다 지 寄	우체국 요우쥐 邮局	우표 요우퍄오 邮票
엽서 밍신피엔 明信片	편지 수신 书信	편지봉투 신펑 信封	등기우편 꽈하오신 挂号信

주소 띠즈 地址	소포 빠오구어 包裹	일반우편 푸통 요우지엔 普通邮件	항공우편 항콩 요우지엔 航空邮件
우편번호 요우쩡 삐엔마 邮政编码	끈, 줄 성즈 绳子	풀 쟝후 糨糊	테이프 쟈오뿌 胶布
가위 지엔따오 剪刀	창구 촹코우 窗口	전보를 치다 파 띠엔빠오 发电报	전보용지 띠엔빠오딴 电报单
붙이다 티에 贴	답장 후이신 回信	접수비 꽈하오페이 挂号费	송장 윈딴 运单

8

한국으로 돌아가기

■ 중국에서 출국할 때

공항이용권 구입 → 세관신고 → 출국수속 및 수하물 탁송 → 검역 및 1차 보안검색 → 출국심사 → 2차 보안검색 → 탑승

공항이용권 구입 국제선 90위안, 국내선은 50위안의 공항이용권을 구입한다.

세관신고 고가의 카메라, 노트북 등은 신고를 하고, 외국인은 소지한 돈이 미화 5000달러 이상일 경우 신고한다.(면세범위: 담배 1보루, 주류 1병)

출국수속 및 수하물 탁송 출발시간 2시간 전부터 자신이 탈 항공사 티켓 수속 창구에서 여권과 항공권을 제시하고 탑승권을 받는다. 수하물은 개인당 30kg까지 허용한다.

검역 및 1차 보안검색 탑승권을 받을 때, 건강진단서를 함께 제출하도록 하고 있다. 공항에 비치된 노란색 검역카드를 기재하여 체온 측정 카메라가 설치된 창구를 지나면서 공항 의료진의 확인 도장을 받는다. 출국장으로 들어가면 간단한 보안검색을 한다. 공항 면세점에서 산 주류를 제외하고 짐 속에 확인되지 않은 주류가 있어서는 안 된다.

출국심사 출국심사대 앞에 비치된 출국신고서를 기입하고, 여권, 탑승권, 출국신고서를 제시한다.

2차 보안검색 간단한 1차 보안검색과는 달리 철저한 보안검색을 한다.

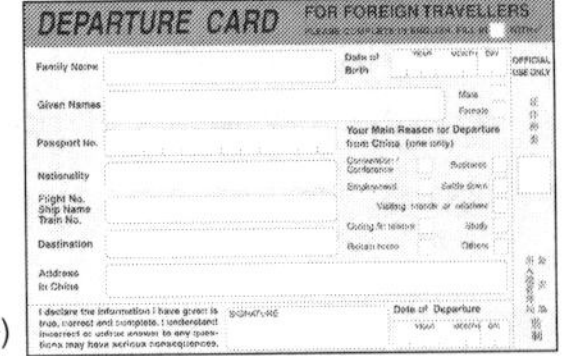

DEPARTURE CARD
FOR FOREIGN TRAVELLERS

Family Name
Date of Birth
OFFICIAL USE ONLY
Given Names
Male
Female
Passport No.
Your Main Reason for Departure from China (one only)
Nationality
Flight No. / Ship Name / Train No.
Destination
Address in China
Date of Departure

▶ 출국신고서(중국)

■ 한국에 도착해서

도착 ▶ **검역** ▶ **입국심사** ▶ **수하물 수령** ▶ **세관신고** ▶ **환영홀**

도착 기내에서 승무원이 나누어 주는 신고서(검역질문서, 입국신고서, 여행자휴대품신고서)를 비행기 안에서 미리 작성하면 입국 수속을 편리하고 신속하게 할 수 있다.

검역 작성한 검역질문서를 제출한다. 또한 여행 중에 설사, 복통, 구토, 발열 등의 증세가 있었다면 검역관에게 신고한다.

입국심사 여권과 입국신고서를 제출한다.

수하물 수령 입국심사를 끝내고 1층으로 내려가 지정된 수하물 수령대에서 수하물을 찾는다. 수하물이 나오지 않을 때에는 분실수하물 카운터(3번, 20번 수하물 수령대)를 찾아가 분실신고를 한다.

세관신고 세관신고물품이 있는 경우에는 비행기 안에서 나누어 준 여행자휴대품신고서를 기재해 제출한다. 세관신고물품이 없는 사람은 제출할 필요 없이 그대로 통과한다.

ARRIVAL CARD
REPUBLIC OF KOREA IMMIGRATION SERVICE

Surname
Given Names
MALE / FEMALE
Nationality / Passport No.
Address in Korea (Tel:)
Occupation / Purpose of visit
Last City / Port of Boarding / Flight No. / Vessel on Arrival: KE
Signature

KEB58968751E

▶ 입국신고서(한국)

세관에 신고해야 하는 물건은?

- 외국에서 취득하거나 국내 면세점에서 구입한 후 해외로 가지고 나갔다가 입국 시 재반입하는 물품으로 해외 총 취득가격 400달러를 초과하는 물품.
- 면세기준을 초과 반입한 주류, 담배, 향수(면세기준: 주류 1인당 1병, 담배 10갑, 향수 2온스)
- 판매를 목적으로 반입하는 상용용품 등.

중국에서 출국하기 – 예약 확인

예약을 확인하고 싶습니다.

영문 이름과 출발시간을 말씀해 주세요.

이태양이고, 8월 20일 오전 9시 30분입니다.

예약을 변경하고 싶습니다.

어느 비행기입니까?

인천행 MU334입니다.

8월 21일에 표가 있습니까?

8월 20일자를 취소해 주십시오.

워 샹 취에런 (워 더) 지퍄오
我想确认(我的)机票。

칭 까오쑤 워 닌 더 잉원 밍즈 허 치페이 스지엔
请告诉我您的英文名字和起飞时间。

빠위에 얼스 하오, 상우 지우 디엔 빤 치페이 더
LEE TAE YANG, 八月二十号, 上午九点半起飞的。

워 샹 가이삐엔 위엔 띵 더 빤지
我想改变原订的班机。

나 츠 항빤
哪次航班?

왕 런촨 더 MU 싼 싼 쓰 항빤
往仁川的MU三三四航班。

빠위에 얼스이 하오 요우 웨이즈 마
八月二十一号有位子吗?

칭 게이 워 취샤오 빠위에 얼스 하오 더
请给我取消八月二十号的。

인사하기

마중 나와 주셔서 감사합니다.

폐를 많이 끼쳤습니다.

다시 보게 될 날을 기대하겠습니다.

건강하세요.

많이 도와 주셔서 감사합니다.

편지 주세요.

자주 연락합시다.

중국에 다시 오고 싶을 것입니다.

시에시에 니 더 잉호우
谢谢你的迎候。

쩐 다라오 닌 러
真打扰您了。

워 시왕 워먼 샤츠 짜이지엔
我希望我们下次再见。

쭈 니 지엔캉
祝你健康!

시에시에 닌 더 빵쭈
谢谢您的帮助。

칭 니 게이 워 시에 신 바
请你给我写信吧。

이메일을 보내다
파 띠엔즈 요우지엔
发电子邮件

뚜어뚜어 리엔시
多多联系。

워 후이 화이니엔 쭝구어
我会怀念中国。

탑승수속

공항이용료는 얼마입니까?

동방항공의 카운터는 어디입니까?

탑승수속을 하려고 합니다.

항공권과 여권을 주십시오.

예, 여기 있습니다.

탑승시간과 탑승게이트를 확인하세요.

이 짐을 부치려고 합니다.

제 짐이 중량을 초과했나요?

지창 지엔서페이카 더 쟈거 뚜어사오 치엔
机场建设费卡的价格多少钱?

똥팡 항콩 떵지추 짜이 날
东方航空登机处在哪儿?

워 야오 빤 청지 소우쉬
我要办乘机手续。

칭 추스 지퍄오 허 후자오
请出示机票和护照。

하오 더, 짜이 쩔
好的, 在这儿。

칭 닌 취에런 이샤 떵지 스지엔 허 떵지코우
请您确认一下登机时间和登机口。

워 샹 투어윈 쩌 거 싱리
我想托运这个行李。

워 더 싱리 차오쭝 러 마
我的行李超重了吗?

보안검색대에서

여기에 가방(짐)을 올려 놓으세요.

이것도요?

가방을 좀 열어 주십시오. 이것은 무엇입니까?

이 술은 친구에게 선물할 것입니다.

술은 들고 타실 수 없습니다. 다음부터는 부치시기 바랍니다.

죄송합니다. 몰랐습니다.

칭 바 닌 더 빠오(싱리) 팡짜이 쩔
请把您的包(行李)放在这儿。

쩌 거 예 야오 마
这个也要吗?

칭 다카이 싱리. 쩌 스 선머
请打开行李。这是什么?

쩌 지우 스 게이 펑요우 더 리우
这酒是给朋友的礼物。

담배	약	화장품
샹옌	**야오**	**화짱핀**
香烟	药	化妆品

니 뿌 커이 따이 지우 상 지, 진호우 투어윈 바
你不可以带酒上机,今后托运吧。

뚜이부치, 워 뿌 쯔다오
对不起,我不知道。

기내에서

실례지만, 25번 탑승게이트는 어디에 있습니까?

제 자리는 어디입니까?

제 짐 좀 올려 주시겠어요?

콜라 한 잔 주세요.

멀미약 좀 주세요.

인천에는 몇 시에 도착하나요?

입국신고서 한 장 주세요.

칭원, 얼스우 하오 떵지코우 짜이 날
请问，二十五号登机口在哪儿？

면세점
미엔수이디엔
免税店

워 더 쭈오웨이 짜이 날
我的座位在哪儿？

칭 바 워 더 싱리 팡 상취, 하오 마
请把我的行李放上去，好吗？

칭 게이 워 이 뻬이 커러
请给我一杯可乐。

물
수이
水

칭 게이 워 윈지야오
请给我晕机药。

신문	모포
빠오즈	**마오탄**
报纸	毛毯

선머 스호우 따오 런촨
什么时候到仁川？

칭 게이 워 이 짱 루징카
请给我一张入境卡。

기내

_____ 좀 주세요.

칭게이워
请给我 _____ 。

물 수이 水	커피 카페이 咖啡	홍차 훙차 红茶	주스 구어쯔 果汁
콜라 커러 可乐	맥주 피지우 啤酒	신문 빠오즈 报纸	잡지 짜쯔 杂志
모포 마오탄 毛毯	약 야오 药	두통약 토우퉁야오 头痛药	화장지 웨이성즈 卫生纸
멀미약 윈지야오 晕机药	멀미봉투 칭지에따이 清洁袋	산소마스크 양치짜오 氧气罩	구명조끼 지우성이 救生衣
비행기멀미 윈지 晕机	담배 샹옌 香烟	술 지우 酒	기내서비스 지상 푸우 机上服务
기내식 지찬 机餐	면세품 미엔수이핀 免税品	출국신고서 추징카 出境卡	입국신고서 루징카 入境卡

부록

여행노선 계획도

경유하고자 하는 도시를 체크해 내가 가고자 하는 곳의 위치를 파악해 보세요~

헤이룽장성
하얼빈哈尔滨
창춘
长春
지린성
옌지延吉
네이멍구 자치구
선양沈阳
랴오닝성
후허하오터
呼和浩特
허베이성
딴똥丹东
베이징北京
따리엔大连
따퉁大同
톈진天津
인찬银川
산시성
스쟈좡石家庄
칭다오青岛
닝샤회족
자치구
타이위엔
太原
지난济南
산둥성
저우兰州
정저우郑州
산시성
뤄양洛阳
쟝쑤성
간쑤성
시안西安
허난성
허페이合肥
난징南京
쑤저우苏州
상하이上海
안후이성
후베이성
항저우杭州
청뚜成都
우한武汉
황산
黄山
저쟝성
충칭重庆
창사长沙
난창南昌
꾸이저우성
후난성
쟝시성
푸저우福州
꾸이양贵阳
타이베이台北
푸지엔성
광둥성
광시장족 자치구
타이완
광저우广州
선쩐深圳
난닝南宁
홍콩香港
아오먼澳门
하이코우海口
하이난성

나는 누구일까요?

〈사진〉	이름			
	한문		영문	
	생일		나이	
	국적		성별	
주소	한국 내 주소: 중국 내 주소:			
전화번호	한국 내 전화번호: 중국 내 전화번호:			
여권번호				
비자번호				
항공권번호				
신용카드번호				
T/C 번호				
해외여행보험증번호				

여행일지

년 월 일 요일 날씨

경유지 : ⇨ ⇨

관광명소 :

숙박호텔 :

경비내역 :

친구 사귀기 : 이름 국적

E-mail

memo :

여행일지

년 월 일 요일 날씨

경유지 : ⇨ ⇨

관광명소 :

숙박호텔 :

경비내역 :

친구 사귀기 : 이름 국적

E-mail

memo :

여행일지

년 월 일 요일 날씨

경유지 : ⇨ ⇨

관광명소 :

숙박호텔 :

경비내역 :

친구 사귀기 : 이름 국적

E-mail

memo :

여행일지

년 월 일 요일 날씨

경유지 : ⇨ ⇨

관광명소 :

숙박호텔 :

경비내역 :

친구 사귀기 : 이름 국적

E-mail

memo :

여행일지

년 월 일 요일 날씨

경유지 : ⇨ ⇨

관광명소 :

숙박호텔 :

경비내역 :

친구 사귀기 : 이름 국적

E-mail

memo :

여행일지

년 월 일 요일 날씨

경유지 : ⇨ ⇨

관광명소 :

숙박호텔 :

경비내역 :

친구 사귀기 : 이름 국적

E-mail

memo :

★ 현재 중국에서 지하철이 있는 도시는 베이징(北京), 톈진(天津), 상하이(上海), 광저우(广州), 난징(南京), 홍콩(香港)이고, 우한(武汉), 창춘(长春), 선양(沈阳), 따롄(大连), 항저우(杭州), 청뚜(成都), 시안(西安) 등 여러 도시에서 지하철 및 경전철을 건설 중에 있다. 본 책에서는 이 중 주요 도시의 지하철 노선도를 제공하였다.

★★ 홍콩 지하철 노선도에서 역이름은 실제 활용도를 고려하여 홍콩식 발음을 기준으로 한 영문을 표기하였다.

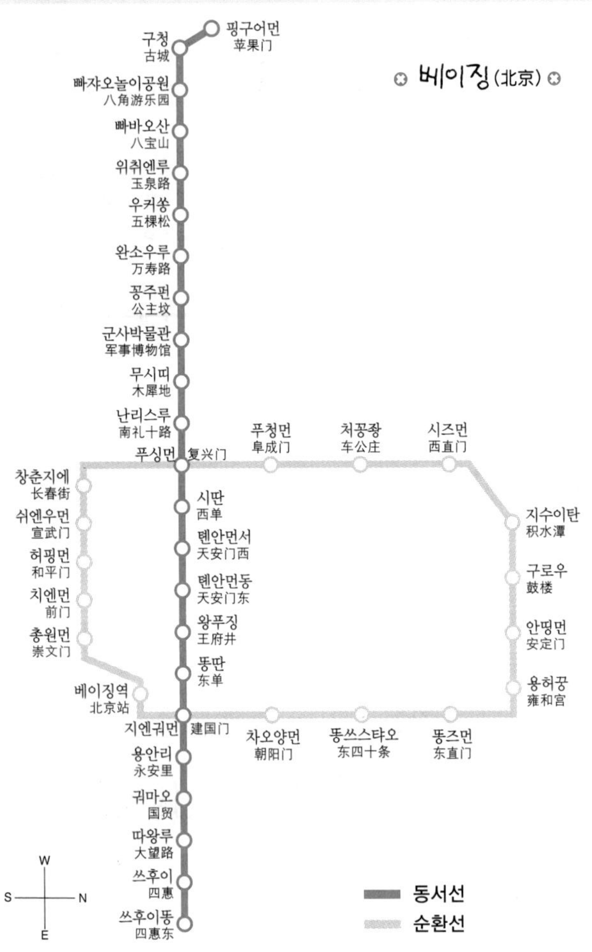
베이징(北京)
핑구어먼
苹果门
구청
古城
빠쟈오놀이공원
八角游乐园
빠바오산
八宝山
위취엔루
玉泉路
우커쏭
五棵松
완소우루
万寿路
꽁주펀
公主坟
군사박물관
军事博物馆
무시띠
木犀地
난리스루
南礼士路
푸싱먼
复兴门
푸청먼
阜成门
처꽁좡
车公庄
시즈먼
西直门
지수이탄
积水潭
구로우
鼓楼
안띵먼
安定门
용허꿍
雍和宫
창춘지에
长春街
쉬엔우먼
宣武门
허핑먼
和平门
치엔먼
前门
총원먼
崇文门
베이징역
北京站
시딴
西单
톈안먼서
天安门西
톈안먼동
天安门东
왕푸징
王府井
똥딴
东单
지엔궈먼
建国门
차오양먼
朝阳门
똥쓰스탸오
东四十条
똥즈먼
东直门
용안리
永安里
궈마오
国贸
따왕루
大望路
쓰후이
四惠
쓰후이똥
四惠东
W
S
N
E
동서선
순환선

상하이(上海)

꽁푸시춘 共富西村
후란루 呼兰路
통허시춘 通河西村
꽁캉루 共康路
원시루 闻喜路
원수이루 汶水路
상하이마시청 上海马戏城
옌창루 延长路
쭝산베이루 中山北路
장완쩐 江湾镇
원수이똥루 汶水东路
츠펑루 赤峰路
홍코우축구장 红口足球场
똥바오싱루 东宝兴路
바오산루 宝山路
쩐핑루 镇坪路
쭝탄루 中潭路
상하이기차역 上海火车站
차오양루 曹杨路
한쭝루 汉中路
진사쟝루 金沙江路
신짜루 新闸路
쟝쑤루 江苏路
정안사 静安寺
중산공원 中山公园
런민광장 人民广场
스먼이루 石门一路
허난쭝루 河南中路
창수루 常熟路
루쟈쭈이 陆家嘴
옌안시루 延安西路
헝산루 衡山路
산시난루 陕西南路
황포난루 黄陂南路
똥창루 东昌路
홍챠오루 虹桥路
똥팡루 东方路
이산루 宜山路
쉬쟈후이 徐家汇
상하이 과학기술관역 上海科技馆站
상하이체육관 上体馆
스지공원 世纪公园
차오시루 漕溪路
차오바오루 漕宝路
룽차오루 龙漕路
룽양루 龙阳路
짱홍테크 张红高科
상하이남역 上海南站
스룽루 石龙路
롄화루 莲花露
진쟝공원역 锦江乐园站
외환선 外环线
신좡 薪庄
환승역
역 외부에서 환승하는 역
1호선
2호선
3호선

'서역西站'~'신화루新华路' 구간 외에는
2004년 7월 현재 공사 중임.

난징 지하철은 2050년까지 총 7호선까지 개통 예정이며, 현재 1, 2호선이 공사 중에 있다. 1호선은 2005년 9월에 개통 예정이다.

광저우(广州)

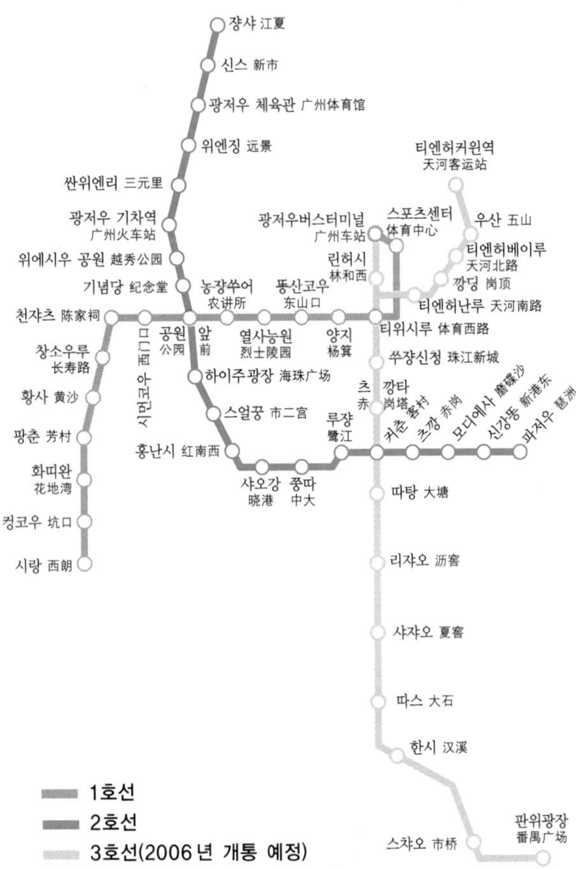

쟝샤 江夏
신스 新市
광저우 체육관 广州体育馆
위엔징 远景
싼위엔리 三元里
광저우 기차역 广州火车站
위에시우 공원 越秀公园
기념당 纪念堂
천쟈츠 陈家祠
시먼코우 西门口
공원 앞 公园 前
농장쑤어 农讲所
열사능원 烈士陵园
똥산코우 东山口
양지 杨箕
창소우루 长寿路
황사 黄沙
팡춘 芳村
화띠완 花地湾
컹코우 坑口
시랑 西朗
하이주광장 海珠广场
스얼꿍 市二宫
홍난시 红南西
샤오강 晓港
쭝따 中大
루장 鹭江
광저우버스터미널 广州车站
스포츠센터 体育中心
린허시 林和西
티위시루 体育西路
쭈쟝신청 珠江新城
츠깡타 赤岗塔
커춘 客村
츠깡 赤岗
모디에사 磨碟沙
신강똥 新港东
파저우 琶洲
티엔허커윈역 天河客运站
우산 五山
티엔허베이루 天河北路
깡딩 岗顶
티엔허난루 天河南路
따탕 大塘
리쟈오 沥窖
샤쟈오 夏窖
따스 大石
한시 汉溪
스챠오 市桥
판위광장 番禺广场
1호선
2호선
3호선(2006년 개통 예정)

홍콩(香港)

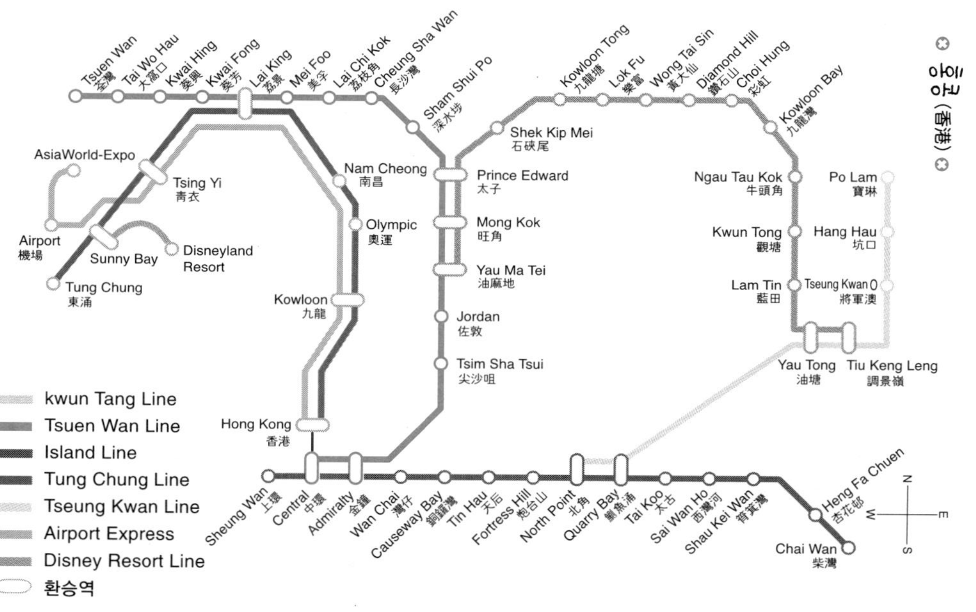
Tsuen Wan 荃灣
Tai Wo Hau 大窩口
Kwai Hing 葵興
Kwai Fong 葵芳
Lai King 荔景
Mei Foo 美孚
Lai Chi Kok 荔枝角
Cheung Sha Wan 長沙灣
Sham Shui Po 深水埗
Kowloon Tong 九龍塘
Lok Fu 樂富
Wong Tai Sin 黃大仙
Diamond Hill 鑽石山
Choi Hung 彩虹
Kowloon Bay 九龍灣
Shek Kip Mei 石硤尾
AsiaWorld-Expo
Tsing Yi 青衣
Nam Cheong 南昌
Prince Edward 太子
Ngau Tau Kok 牛頭角
Po Lam 寶琳
Olympic 奧運
Mong Kok 旺角
Kwun Tong 觀塘
Hang Hau 坑口
Airport 機場
Sunny Bay
Disneyland Resort
Yau Ma Tei 油麻地
Lam Tin 藍田
Tseung Kwan O 將軍澳
Tung Chung 東涌
Kowloon 九龍
Jordan 佐敦
Tsim Sha Tsui 尖沙咀
Yau Tong 油塘
Tiu Keng Leng 調景嶺
Hong Kong 香港
Sheung Wan 上環
Central 中環
Admiralty 金鐘
Wan Chai 灣仔
Causeway Bay 銅鑼灣
Tin Hau 天后
Fortress Hill 炮台山
North Point 北角
Quarry Bay 鰂魚涌
Tai Koo 太古
Sai Wan Ho 西灣河
Shau Kei Wan 筲箕灣
Heng Fa Chuen 杏花邨
Chai Wan 柴灣
N
E
W
S
kwun Tang Line
Tsuen Wan Line
Island Line
Tung Chung Line
Tseung Kwan Line
Airport Express
Disney Resort Line
환승역

저자

이강인

부산외국어대학교 중국어과 졸업
한국외국어대학교 대학원 중국어과 석사 졸업
상해복단대학 중문과 박사 과정
논문:「老舍硏究- '茶館'의 悲劇性硏究」

양희석

총신대학교 역사교육학과 졸업
연세대학교 대학원 사학과 석사 졸업
상해화동사범대학 역사과 박사 과정

원호영

부산대학교 중문과 졸업
부산대학교 대학원 중문과 석사 졸업
상해화동사범대학 중문과 박사 과정
논문:「갑골문의 시간표현 연구」

일러스트 **김문수**
표지 디자인 **정현석**